O FILÓSOFO IGNORANTE
E OUTROS ESCRITOS

Voltaire

O FILÓSOFO IGNORANTE
E OUTROS ESCRITOS

tradução ANTONIO DE PÁDUA DANESI
revisão da tradução CLAUDIA BERLINER
revisão técnica THOMAZ KAWAUCHE

Títulos dos originais: PHILOSOPHE (in Dictionnaire philosophique),
PHILOSOPHIE (in Dictionnaire philosophique), MÉTAPHYSIQUE
(in Dictionnaire philosophique), TRAITÉ DE MÉTAPHYSIQUE, LE
PHILOSOPHE IGNORANT, ANDRÉ DESTOUCHES A SIAM,
AVENTURE INDIENNE, LES AVEUGLES – JUGES DES COULEURS,
PETIT COMMENTAIRE SUR L'ÉLOGE DU DAUPHIN DE FRANCE,
ÉLOGE HISTORIQUE DE LA RAISON.
Copyright © 2001, Livraria Martins Fontes Editora Ltda.
Copyright © 2023, Editora WMF Martins Fontes Ltda.,
São Paulo, para a presente edição.

1ª edição 2001
2ª edição 2023

Editores *Alexandre Carrasco e Pedro Taam*
Tradução *Antonio de Pádua Danesi*
Acompanhamento editorial *Diogo Medeiros*
Revisão da tradução *Claudia Berliner*
Revisão técnica *Thomaz Kawauche*
Revisão *Diogo Medeiros*
Produção gráfica *Geraldo Alves*
Paginação *Renato Carbone*
Capa e projeto gráfico *Gisleine Scandiuzzi*

Dados Internacionais de Catalogação na Publicação (CIP)
(Câmara Brasileira do Livro, SP, Brasil)

Voltaire, 1694-1778.
 O filósofo ignorante e outros escritos / Voltaire ; tradução Antonio de Pádua Danesi. – 2ª ed. – São Paulo : Editora WMF Martins Fontes, 2023.
 – (Clássicos)

 Título original: Le philosophe ignorant
 ISBN 978-85-469-0438-9

 1. Filosofia francesa I. Título II. Série.

23-142904   CDD-194

Índice para catálogo sistemático:
1. Filosofia francesa   194

Aline Graziele Benitez – Bibliotecária – CRB-1/3129

Todos os direitos desta edição reservados à
Editora WMF Martins Fontes Ltda.
Rua Prof. Laerte Ramos de Carvalho, 133 01325-030 São Paulo SP Brasil
Tel. (11) 3293-8250 e-mail: info@wmfmartinsfontes.com.br
http://www.wmfmartinsfontes.com.br

SUMÁRIO

Apresentação VII

FILÓSOFO 1

FILOSOFIA 13

TRATADO DE METAFÍSICA 23

O FILÓSOFO IGNORANTE 69

ANDRÉ DESTOUCHES NO SIÃO 125

AVENTURA INDIANA 133

OS CEGOS, JUÍZES DAS CORES 135

PEQUENO COMENTÁRIO SOBRE O ELOGIO DO DELFIM DA FRANÇA COMPOSTO PELO SR. THOMAS 137

ELOGIO HISTÓRICO DA RAZÃO 143

APRESENTAÇÃO

Publicada em 1766, a obra *O filósofo ignorante* põe lado a lado em seu título dois termos à primeira vista opostos. Com esse aparente oxímoro, Voltaire retoma, porém, uma conjunção recorrente na história da filosofia. Do lema socrático "Só sei que nada sei" ao "Que sei eu?", de Montaigne, sem nos esquecermos de *A douta ignorância*, de Nicolau de Cusa, são muitas as fórmulas em que a ignorância e a dúvida fazem par com a filosofia.

Esse caráter de ignorância e dúvida é sublinhado pelo gesto de Voltaire de trocar o *Table de matières* (quadro de assuntos, índice) da obra por uma *Table de doutes* (quadro de dúvidas). Como esse índice singular mostra, Voltaire percorre muitas questões metafísicas e morais que o preocuparam durante décadas de sua longa vida (a natureza da alma, a existência de Deus, a formação de nossas ideias, a liberdade e a necessidade) e passa em revista os sistemas filosóficos que tentaram responder definitivamente a essas questões. Seu ceticismo opera sobretudo na crítica aos sistemas filosóficos, ao dogmatismo que ultrapassa, assim, os limites do conhecimento humano. Voltaire enfileira uma série de sistemas filosóficos antigos e modernos procurando sublinhar as dificuldades em aceitar as respostas elaboradas para enfrentar as muitas questões metafísicas que, no entanto, não cessam de interpelar o autor. São dúvidas para as quais o autor não consegue encontrar respostas absolutas ou conclusivas e das quais, portanto, não consegue se desvencilhar.

As mesmas dúvidas estão presentes ao menos desde o *Tratado de metafísica*, obra escrita nos anos 1730 e destinada a circular apenas entre os amigos, cuja introdução se intitula "Dúvidas sobre o homem". Nessa obra, marcada pela presença da filosofia de John Locke, Voltaire procura conhecer o que é o homem em seus aspectos físicos e morais. No *Tratado de metafísica*, o percurso de Voltaire se realiza em dois movimentos contrários: um de distanciamento e outro de imersão na perspectiva humana. Inicialmente, quando se trata de conhecer os aspectos físicos do homem, Voltaire lança mão de um forasteiro extraterrestre, encarregado de encarnar o olhar sem preconceitos e permitir o distanciamento entre o sujeito e o objeto exigidos pela investigação filosófica. Próximas demais, as coisas deixam de ser percebidas, e as características da humanidade somente podem ser bem discernidas se vistas com a distância adequada e sem preconceitos: "despojar-me-ei de todos os preconceitos de educação, de pátria e, sobretudo, dos preconceitos de filósofo", diz Voltaire. É então que surge o extraterrestre, antecessor do gigante da estrela Sirius, do conto "Micrômegas, uma história filosófica", que como outras figuras celestiais (anjos e gênios) são recorrentes na obra de Voltaire.[1] Ele percorre a Terra, como fará o gigante da estrela Sirius, e conhece a variedade do ser humano espalhada pelo globo. O percurso vai do conhecimento dessa variedade (capítulo I) ao reconhecimento da existência de um Deus que a tudo organizou e criou (capítulo II): a ordem encontrada na natureza parece pressupor um ordenador, como um relógio pressupõe um relojoeiro. Mas essa crença é fundada em uma verossimilhança, não é a fé na revelação nem uma demonstração geométrica: "que um leitor equânime, tendo maduramente pesado o pró e contra da existência de um Deus criador, veja agora de que lado está a verossimilhança", arremata o autor. O percurso do forasteiro passa, então, pela afirmação de que todas as ideias vêm pelos sentidos (capítulo III), que há efetivamente objetos exteriores (capítulo IV) e considera a questão sobre se o homem tem uma alma e se ela é imortal (capítulos V e VI). Neste último ponto, reaparece a verossimilhança. Dependentes dos sentidos e do corpo, nossas ideias desaparecem sem eles e tudo parece indicar

---

[1] Sobre os personagens celestiais e a distinção entre anjos e extraterrestres em Voltaire ver: BRANDÃO, R. "A pneumatologia de Voltaire e a interpretação de *Zadig ou o destino*". In: *Cadernos de Ética e Filosofia Política*, vol. 36, 2020. Disponível em: https://www.revistas.usp.br/cefp/article/view/171621

APRESENTAÇÃO

que não há alma imortal. Como diz o autor: "não asseguro que tenha demonstrações contra espiritualidade e a imortalidade da alma, mas todas as aparências são contra elas" (capítulo VI).
Entretanto, o olhar distante do visitante extraterrestre só vai até aqui. Quando aborda, no capítulo VII, se o homem é livre, o distanciamento é substituído por um mergulho na perspectiva humana. Quando Voltaire passa a tratar a liberdade e a vontade, "não há mais lugar para fingir um ser dotado de razão sem ser humano e que examina com indiferença o que é o homem. Ao contrário, agora é preciso que cada homem entre em si mesmo e dê testemunho de seu próprio sentimento", diz o autor. Como se desfazer dos preconceitos para bem discernir o ser humano? Como compreender as características do ser humano sendo um ser humano? O recurso ao viajante espacial representava a tentativa de saída desse círculo. Agora, ao tratar da liberdade, Voltaire abandona seu forasteiro e examina a questão do ponto de vista do testemunho interior, da experiência da liberdade, por assim dizer. É esse ponto de vista que permite ao autor do *Tratado de metafísica* assinalar uma liberdade enquanto "poder de se autodeterminar", ponto de vista que será abandonado trinta anos mais tarde em *O filósofo ignorante*.

Essas duas obras publicadas conjuntamente auxiliam o leitor a seguir as transformações por que passa o pensamento de Voltaire em temas clássicos da metafísica e da moral. Do *Tratado de metafísica* ao *Filósofo ignorante*, há uma série de transformações no que concerne às ideias de Deus e da liberdade. Em primeiro lugar, vale destacar as passagens que Voltaire dedica a Nicolas Malebranche (1638-1715) no *Filósofo ignorante*. Malebranche está presente desde o *Tratado de metafísica*, mas nesta obra Malebranche é apenas o autor de um sistema extravagante. No capítulo III, cujo título é "Que todas as ideias vêm pelos sentidos", Voltaire aponta Malebranche como um daqueles "raciocinadores ousados" que se perderam e construíram "belos romances". Para ele, Deus é a causa de todas as nossas ideias e sentimentos e vemos tudo em Deus. Nos anos 1730, o sistema de Malebranche parece incompreensível – e para que se tornasse mais inteligível, dirá Voltaire, "somos obrigados a recorrer ao espinosismo, imaginando que o total do universo é Deus, que este Deus age em todos os seres, sente nos animais, pensa nos homens, (...)". Ora, muita coisa se passou nessas três décadas que separam o *Tratado de metafísica* de *O filósofo ignorante*, pois o tom sobre Malebranche e Espinosa se altera. No *Filósofo ignorante*, dos capítulos XVIII ao XXIV, Voltaire revisita os pensadores do século anterior. Embora Voltaire não adote a posição desses autores, a visão em Deus de Malebranche deixa de ser um extravio, para ser algo sublime. Assim como em outras obras posteriores aos anos 1760, sobretudo em *Tudo em Deus: comentário sobre Malebranche* (1768), Voltaire passa a ter uma consideração mais positiva da teoria da visão em Deus de Malebranche. Essa teoria procurava responder ao problema da comunicação entre as substâncias (espírito e corpo) e a origem das ideias. Para Voltaire, em uma curiosa mistura de Locke e Malebranche, as ideias continuam a ter a origem nos sentidos e a partir dos objetos, mas sua transformação em ideias em nossa mente, ou seja, a passagem de corpo a espírito, parece depender de Deus. A comunicação entre corpo e espírito só é possível em Deus. No entanto, este Deus não é mais simplesmente aquele Deus ordenador e criador que a ordem e a finalidade do mundo conduzem o autor a reconhecer, como o faz no *Tratado de metafísica*, um ser separado do mundo que a tudo organiza e concede fins determinados. No *Filósofo ignorante*, trinta anos depois, como mais tarde em *É preciso tomar um partido ou o princípio de ação*, de 1775, Deus aparece como a natureza de onde tudo decorre. Voltaire não se vale mais da analogia do relógio e do relojoeiro e sim da imagem do Sol (deus) de onde emanam os raios (o mundo). Voltaire parece ceder àquilo que parecia absurdo trinta anos antes, ou seja, uma leitura espinosana da teoria da visão em Deus, de Malebranche. Embora Locke continue a ser o pai ao qual retorna o filho pródigo (cap. XXIX), parece que sua filosofia não é mais suficiente para explicar a relação entre as ideias em nossas mentes e os corpos exteriores.

Ainda mais explícita é a transformação no que se refere à liberdade, atestada pelo próprio Voltaire: "O ignorante que hoje pensa assim não pensou sempre dessa maneira, mas, enfim, foi constrangido a submeter-se" (capítulo III). *O filósofo ignorante* revela um autor agora partidário do determinismo, para quem pode haver uma liberdade de ação, mas não propriamente um livre querer. Quando quero, algo me determina a querer isto ou aquilo e não tenho a liberdade de querer o que não sou inclinado a querer, dirá Voltaire. Ainda nas questões morais, Voltaire aproveita para acertar contas com seu velho mestre. Do capítulo XXXIV ao XXXVI, sendo os dois primeiros intitulados "Contra Locke", Voltaire deixa claro que não concorda com o mestre inglês no que se refere à sua crítica ao inatismo quando se trata da moral. Em primeiro lugar, Voltaire recusa os exemplos históricos que Locke utiliza para defender que há ações de povos e nações que não têm moralidade. Voltaire é particularmente crítico ao exemplo da antropofagia dos povos originários das Américas. Locke, no parágrafo 11, do capítulo III do primeiro livro do *Ensaio sobre o entendimento humano*, cita a antropofagia dos tupinambás como exemplo de uma ação imoral, recusando assim a existência de princípios morais inatos que deveriam ser partilhados por todos os povos. Com certas inversões que lembram o ensaio *Os canibais*, de Montaigne, Voltaire reverterá a acusação aos europeus e, por fim, desconstruirá os exemplos de Locke questionando sua acríbia histórica. A boa prática histórica, segundo Voltaire, não se contentaria com a superfície da variedade dos costumes e encontraria por detrás desta variedade a existência de uma moral universal fundada na natureza. No capítulo XXXVI, intitulado "Natureza em toda parte a mesma", Voltaire afirma: "Abandonando Locke nesta parte, digo com o grande Newton: '*Natura est semper sibi consona*' – a Natureza está sempre de acordo consigo mesma". Voltaire concorda "com o sábio Locke que não há noção inata nem princípio inato", mas discorda dos exemplos e sobretudo das consequências, do relativismo moral que daí poderia decorrer. Como a capacidade natural de falar, a moralidade se desenvolve com a idade e com a cultura: as línguas variam, mas todas se fazem sobre a capacidade de falar comum a todo ser humano. Neste caso, Locke, diz Voltaire, "se aproxima muito do sistema de Hobbes, do qual, no entanto, está muito afastado". Em defesa de uma "Moral Universal" (título do capítulo XXXVIII), Voltaire aponta a credulidade de Locke em relação a relatos pouco confiáveis que o inglês mobiliza para sustentar a afirmação de que não existem princípios do justo e do injusto.

O ceticismo de Voltaire não se estende à moral. Se a busca da verdade conduz à crítica dos sistemas filosóficos, à dúvida e à recusa de respostas absolutas e definitivas, no que diz respeito ao caráter ético da filosofia, seu aspecto de sabedoria e maneira de vida, há para Voltaire uma concordância universal e, para ele, Filosofia é virtude (título do capítulo XLVI). É nesse sentido que Voltaire insistirá que há na história da filosofia uma variação de dogmas e que a busca da verdade leva a múltiplos destinos, mas a virtude não precisa de dogmas: "Visto que todos os filósofos tinham dogmas diferentes, é claro que o dogma e a virtude são de uma natureza inteiramente heterogênea" (capítulo XLVIII). A história da filosofia é, ao mesmo tempo, uma galeria de erros metafísicos e de condutas éticas. E aqui chegamos a algo que marca a concepção de filosofia de Voltaire. A filosofia, como bem mostram os verbetes *Filósofo* e *Filosofia* que abrem o presente volume, é busca da verdade e sabedoria, resolução de problemas e conduta ética. Os dois aspectos da filosofia, sua busca pelo conhecimento e pela vida virtuosa e feliz, têm, no entanto, independência. Enquanto o enfrentamento de questões metafísicas conduz ao conflito das filosofias e à suspensão do juízo ou à adesão a posições apenas verossímeis, a moralidade é preservada em sua universalidade. Os filósofos divergem em suas doutrinas, dirá Voltaire, mas levam todos uma vida ética que não é ameaça nem ao estado nem à religião; é ameaça apenas ao abuso de poder e ao fanatismo. No final das contas, Voltaire dissocia a conduta da vida das teorias filosóficas e metafísicas. Os antigos, por exemplo, divergiam sobre a física, "mas a física é tão pouco necessária à conduta da vida que os filósofos não tinham necessidade dela".

Esse reconhecimento da diferença entre dogmas e a conduta humana exigirá um outro tipo de filósofo, que saiba tocar o ser humano naquilo que realmente importa, e ao mesmo tempo tenha consciência de que "nenhum filósofo influiu sequer nos costumes da rua em que vivia. Por quê? Porque os homens se conduzem pelo hábito e não pela metafísica" (capítulo XXIV). Mais uma fraqueza do filósofo ignorante. O filósofo ignorante terminará por constatar uma série de ignorâncias (capítulos L a LIV), todas elas se referindo ao conhecimento histórico, como faz o autor em outra obra intitulada *Pirronismo da história* (1769). Essas dúvidas finais questionam nos-

APRESENTAÇÃO

so conhecimento sobre o passado, tão necessário para bem decifrar o presente e se preparar para o futuro. Mas há algo pior do que a ignorância: o fanatismo, a perseguição e a violência (capítulo LV). Por fim, com o último capítulo da obra, intitulado "Início da Razão" (capítulo LVI), Voltaire, em perspectiva histórica, considera o seu século a aurora da razão, o despertar de um tempo menos fanático, uma época não esclarecida, mas em processo de esclarecimento, como dirá mais tarde Kant em seu célebre texto sobre o Iluminismo. A tarefa desse filósofo que deve buscar a verdade e criticar os obstáculos que a impedem de emergir é, no entanto, enorme e arriscada e "todo aquele que buscar a verdade arriscar-se-á a ser perseguido". Mesmo assim, Voltaire afirma que "a verdade não deve mais esconder-se diante dos monstros e que não devemos abster-nos do alimento com medo de sermos envenenados" (capítulo LVI).

Os textos que no presente volume se seguem a *O filósofo ignorante* desdobram a concepção de filosofia que opera na obra de Voltaire. Eles empreendem uma crítica àquilo que no *Filósofo ignorante* aparecia como pior do que a ignorância: o preconceito, a perseguição ideológica, o fanatismo e a violência do poder e das instituições. A razão que se manifesta no capítulo final desta obra e cujo percurso histórico é abordado pelo autor no texto que fecha o presente volume, *Elogio histórico da razão*, deve justamente se fazer presente no campo moral, contribuir para a reforma dos costumes e das instituições e na crítica ao preconceito e ao obscurantismo. Aqui o problema do círculo do conhecimento que identificamos no início do *Tratado de metafísica* e cuja solução passava pelo recurso ao viajante interestelar reaparece em termos da crítica ao preconceito. Como denunciar o preconceito e fazer sua crítica se neles estamos todos enredados? A viagem, a fábula, o recurso ao estrangeiro ou a um local distante, os apólogos, todos esses recursos literários visam permitir a mudança de perspectiva e um ponto de vista crítico.[2] A viagem até o sudeste da Ásia que o irônico texto *André Destouches no Sião* realiza visa justamente a isto: sob a aparência de costumes

---

[2] Sobre isto ver o capítulo II, "O olhar do alto", de *Não esqueça de viver*, de Pierre Hadot e o artigo de Gérard Lebrun, "O cego e o filósofo ou o nascimento da antropologia", em *A filosofia e sua história*.

XIII

distantes, revelar a arbitrariedade e violência de costumes e instituições do seu tempo. A viagem ao Sião e à Índia, as vozes dos diferentes animais na *Aventura indiana*, que traz o interesse de Voltaire pelo vegetarianismo, todos estes personagens põem em perspectiva a naturalidade com que são tomados os costumes europeus. Como mostra o opúsculo *Os cegos, juízes das cores*, o problema não reside na ignorância, os cegos que se limitavam aos seus quatro sentidos viviam em paz. É precisamente quando alguns deles se acham no direito de ter ideias sobre o sentido que lhes falta e a ditar como os outros devem se conduzir a respeito disso que os problemas começam. "Meus filósofos", dirá Voltaire a D'Alembert em carta de 5 de abril de 1766, "são pessoas honestas que não têm princípios fixos sobre a natureza das coisas, que não sabem o que ela é, mas que sabem muito bem o que ela não é". Essa ignorância tem resultado positivo, ela engendra a tolerância. O *Pequeno comentário sobre o elogio do delfim da França composto pelo sr. Thomas*, pede a todos nós, ignorantes que somos, o seguinte: "Não persigamos!". É uma palavra de ordem engendrada pela ignorância desse filósofo que não tem princípios metafísicos rígidos. Mas os últimos textos que compõem o presente volume, de modo acidamente irônico, apontam tudo aquilo que deve ser reformado para que a razão e a verdade possam emergir sem perigo de serem perseguidas: a reforma do direito e a adequação das penas aos delitos, a abolição da pena capital e da tortura, a racionalização das instituições e das finanças. O filósofo não sabe muito bem o que são a natureza e a razão, mas sabe muito bem que elas não podem se identificar com o arbítrio, a violência, a perseguição por divergência de opinião, o obscurantismo que recusa o avanço científico e a associação entre religião e política.

RODRIGO BRANDÃO
Professor do Departamento de Filosofia da
Universidade Federal do Paraná
Setembro de 2022

FILÓSOFO*

Seção I

Filósofo, *amante da sabedoria*, isto é, *da verdade*. Todos os filósofos tiveram esse duplo caráter: não houve um na Antiguidade que aos homens não tenha dado exemplos de virtude e lições de verdades morais. Todos eles conseguiram enganar-se com relação à física; mas a física é tão pouco necessária à conduta da vida que os filósofos não tinham necessidade dela. Foram precisos séculos para se conhecer uma parte das leis da natureza. Um dia basta ao sábio para conhecer os deveres do homem.

O filósofo não é um entusiasta; não se erige profeta, não se diz inspirado pelos deuses; assim, não colocarei na classe dos filósofos nem o antigo Zoroastro, nem Hermes, nem o antigo Orfeu, nem nenhum daqueles legisladores de que se vangloriavam as nações da Caldeia, da Pérsia, da Síria, do Egito e da Grécia. Os que se disseram filhos dos deuses eram os pais da impostura; e, se usaram a mentira para ensinar verdades, eram indignos de as ensinar: não eram filósofos; eram, no máximo, mentirosos muito prudentes.

Por qual fatalidade, vergonhosa talvez para os povos ocidentais, é preciso ir ao Extremo Oriente para encontrar um sábio simples, sem fausto, sem impostura, que ensinava os homens a viver felizes

---

* Artigo do *Dictionnaire philosophique*, IV, *in* Voltaire, *Oeuvres complètes*, Garnier, Paris, 1879, tomo XX, p. 195.

seiscentos anos antes da nossa era vulgar, numa época em que todo o Setentrião ignorava o uso das letras e em que os gregos mal começavam a se distinguir pela sabedoria? Esse sábio é Confúcio, que, sendo legislador, nunca quis enganar os homens. Que mais bela regra de conduta já se deu depois dele em toda a Terra!

"Regulai um Estado como regulais uma família; só se pode governar bem a família dando-lhe o exemplo.

"A virtude deve ser comum ao lavrador e ao monarca.

"Ocupa-te do cuidado de prevenir os crimes para diminuir o cuidado de os punir.

"Sob os bons reis Yao e Xu os chineses foram bons; sob os maus reis Kie e Chu eles foram maus.

"Faze a outrem como a ti mesmo.

"Ama os homens em geral, mas ama especialmente os homens de bem. Esquece as injúrias, e jamais os benefícios.

"Vi homens incapazes de ciências, nunca os vi incapazes de virtudes."

Admitamos que não houve legislador que anunciasse verdades mais úteis ao gênero humano.

Uma infinidade de filósofos gregos ensinou depois uma moral igualmente pura. Se se tivessem limitado aos seus vãos sistemas de física, hoje só se pronunciariam seus nomes para ridicularizá-los. Se ainda os respeitamos, é porque foram justos e porque ensinaram os homens a sê-lo.

Não se podem ler certas passagens de Platão, e sobretudo o admirável exórdio das leis de *Zaleuco*, sem sentir no coração o amor das ações honestas e generosas. Os romanos têm o seu Cícero, que por si só vale, talvez, por todos os filósofos da Grécia. Depois dele vêm homens ainda mais respeitáveis, porém que quase desesperamos de imitar: é Epicteto na escravidão, são os Antonino e os Juliano no trono.

Qual o cidadão, entre nós, que se privaria, como Juliano, Antonino e Marco Aurélio, de todas as comodidades da nossa vida lânguida e efeminada? que dormiria, como eles, no chão? que aceitaria impor-se a mesma frugalidade que eles? que marcharia, como eles, a pé e com a cabeça descoberta à frente dos exércitos, exposto ora

FILÓSOFO

ao ardor do sol, ora às geadas? que dominaria, como eles, todas as suas paixões? Entre nós há devotos; mas onde estão os sábios? onde as almas inabaláveis, justas e tolerantes?

Houve filósofos de gabinete na França; e todos, exceto Montaigne, foram perseguidos. É, parece-me, o último grau da malignidade da nossa natureza querer oprimir os próprios filósofos que a querem corrigir.

Concebo que fanáticos de uma seita degolem os entusiastas de outra seita, que os franciscanos odeiem os dominicanos e que um mau artista intrigue para a perdição daquele que o ultrapassa; mas que o sábio Charron tenha sido ameaçado de perder a vida, que o douto e generoso Ramus tenha sido assassinado, que Descartes tenha sido obrigado a fugir para a Holanda a fim de se subtrair à fúria dos ignorantes, que Gassendi tenha sido forçado várias vezes a se retirar para Digne, longe das calúnias de Paris: isso é o opróbrio eterno de uma nação.

Um dos filósofos mais perseguidos foi o imortal Bayle, glória da natureza humana. Dir-me-ão que o nome de Jurieu, seu caluniador e perseguidor, se tornou execrável, bem o reconheço; o mesmo aconteceu ao jesuíta Le Tellier; mas os grandes homens que ele oprimia deixaram por isso de acabar os seus dias no exílio e na miséria?

Um dos pretextos usados para esmagar Bayle e reduzi-lo à pobreza foi o artigo *Davi* em seu útil dicionário[1]. Censuravam-no por não ter feito a apologia de ações que são em si mesmas injustas, sanguinárias, atrozes ou contrárias à boa-fé, ou que fazem corar o pudor.

Bayle, em verdade, não exaltou Davi por ter reunido, segundo os livros hebreus, seiscentos vagabundos assoberbados de dívidas e de crimes; por haver pilhado seus compatriotas à testa desses bandidos; por ter vindo com o desígnio de degolar Nabal e toda a sua família porque Nabal não quis pagar os tributos; por ter vendido seus serviços ao rei Aquis, inimigo de sua nação; por ter traído esse rei Aquis, seu benfeitor; por ter saqueado as aldeias aliadas desse rei Aquis; por ter massacrado nessas aldeias até mesmo as crianças de peito, por medo de que se encontrasse um dia alguma pessoa capaz de dar a conhe-

---

[1] Ver, sob essa mesma palavra, o artigo de Voltaire, assim como o dedicado a Bayle.

3

cer as suas depredações, como se uma criança de peito pudesse revelar o seu crime; por ter feito perecer todos os habitantes de algumas outras aldeias sob serrotes, sob rastelos de ferro, sob machados de ferro e em fornos de tijolos; por ter arrebatado o trono a Isboset, filho de Saul, mediante perfídia; por ter despojado e feito perecer Mifiboset, neto de Saul e filho de seu amigo, de seu protetor Jônatas; por ter entregado aos gabaonitas dois outros filhos de Saul e cinco de seus netos, que morreram na forca.

Não falo da prodigiosa incontinência de Davi, de suas concubinas, de seu adultério com Bate-Seba e do assassínio de Urias.

Pois quê! Os inimigos de Bayle teriam querido que Bayle fizesse o elogio de todas essas crueldades e de todos esses crimes? Seria preciso que ele dissesse: "Príncipes da terra, imitai o homem segundo o coração de Deus; massacrai sem piedade os aliados de vosso benfeitor; degolai ou mandai degolar toda a família do vosso rei; dormi com todas as mulheres, fazendo derramar o sangue dos homens: e sereis um modelo de virtude quando se disser que fizestes salmos"?

Não tinha Bayle toda a razão ao dizer que, se Davi foi segundo o coração de Deus, foi por sua penitência, e não por seus delitos? Bayle não prestava um serviço ao gênero humano ao dizer que Deus, que sem dúvida ditou toda a história judia, não canonizou todos os crimes referidos nessa história?

Entretanto Bayle foi perseguido; e por quem? por homens perseguidos noutras plagas, por fugitivos que em sua pátria teriam sido entregues às chamas; e esses fugitivos eram combatidos por outros fugitivos chamados jansenistas, expulsos de seu país pelos jesuítas, que ao cabo foram também expulsos.

Assim todos os perseguidores declararam entre si uma guerra mortal, ao passo que o filósofo, oprimido por todos eles, contentou-se em lastimá-los.

Nem todos sabem que Fontenelle, em 1713, esteve a ponto de perder suas pensões, seu posto e sua liberdade, por haver redigido na França, vinte anos antes, o *Traité des oracles* [Tratado dos oráculos] do sábio Van Dale, do qual suprimira com precaução tudo quanto pudesse alarmar o fanatismo. Um jesuíta[2] havia escrito contra Fontenelle, que não se dignara responder-lhe; foi quanto bastou para que o jesuíta Le Tellier, confessor de Luís XIV, acusasse Fontenelle de ateísmo junto ao rei. Sem o sr. d'Argenson, sucedeu que o digno filho de um falsário, procurador de Vire e reconhecido falsário ele próprio, proscrevesse a velhice do sobrinho de Corneille.

É tão fácil alguém seduzir seu penitente que devemos louvar a Deus por esse Le Tellier não ter feito mais mal. Há dois lugares no mundo onde não se pode resistir à sedução e à calúnia: a cama e o confessionário.

Sempre vimos os filósofos perseguidos por fanáticos; mas será possível que os literatos também se ocupem disso e que eles próprios agucem amiúde contra seus irmãos as armas com que os perfuram todos, um depois do outro?

Pobres literatos! Cabe-vos ser delatores? Vede se alguma vez entre os romanos houve algum Garasse, Chaumeix, Hayer[3] que acusasse os Lucrécio, os Posidônio, os Varrão e os Plínio.

Ser hipócrita, que baixeza! Mas ser hipócrita e mau, que horror! Nunca houve hipócritas na antiga Roma, que nos tinha como uma pequena parte de seus súditos. Havia velhacos, admito, mas não hipócritas religiosos, que são a espécie mais covarde e mais cruel de todas. Por que não os vemos na Inglaterra, e por que os há ainda na França? Filósofos, ser-vos-á fácil resolver esse problema.

Seção II[4]

Esse belo nome foi ora reverenciado, ora maculado, como o de poeta, matemático, monge, padre e tudo o que depende da opinião.

---

[2] Jean-François Baltus, jesuíta francês, nascido em Metz em 1667, falecido em Reims em 1743, é autor de *Réponse à l'histoire des oracles*, 1707, *in-8º*, e de *Suite à la Réponse*, 1708. (B.)

[3] Garasse, denunciante de Théophile Viau; Chaumeix, Hayer, inimigos de Voltaire. (G. A.)

[4] As seções II, III e IV formavam as seções I, II e III e todo o artigo das *Questions sur l'Encyclopédie*, sexta parte, 1771. O artigo estava inserido na letra F e intitulava-se FILOSOFE ou PHILOSOPHE; e essa disposição foi conservada nas edições *in-4º* e de 1775, publicadas em vida do autor. (B.)

Domiciano expulsou os filósofos; Luciano ridicularizou-os. Mas quais filósofos, quais matemáticos foram exilados pelo monstro Domiciano? Foram lançadores de dados, horoscopistas, adivinhos, miseráveis judeus que compunham filtros de amor e talismãs; pessoas dessa espécie que tinham um poder especial sobre os espíritos malignos, que os evocavam, que os faziam entrar no corpo das moças com palavras ou com sinais, e que dali os desalojavam por outros sinais e outras palavras.

Quais eram os filósofos que Luciano expunha ao riso público? Era a escória do gênero humano. Eram mendigos incapazes de uma profissão útil, pessoas que se assemelhavam perfeitamente ao *Pobre diabo*, de que nos foi feita uma descrição tão verdadeira quanto cômica[5], que não sabem se envergarão a libré ou se farão o *Almanaque do ano maravilhoso*[6], se trabalharão num jornal ou nas estradas reais, se se farão soldados ou padres; e que, enquanto isso, vão aos cafés para emitir sua opinião sobre a nova peça, sobre Deus, sobre o ser em geral e sobre os modos do ser; depois vos pedem dinheiro emprestado e vão fazer um libelo contra vós com o advogado Marchand, ou com um certo Chaudon, ou com um certo Bonneval[7].

Não foi de semelhante escola que saíram os Cícero, os Ático, os Epicteto, Trajano, Adriano, Antonino Pio, Marco Aurélio, Juliano.

Não foi aí que se formou aquele rei da Prússia que compôs tantos livros filosóficos quantas foram as batalhas que ganhou, e que abateu tanto preconceitos quanto inimigos.

---

[5] Ver *Le pauvre diable*, *in* Voltaire, *Oeuvres complètes*, Garnier, Paris, 1877, tomo X, p. 97.

[6] Opúsculo de um padre de Étrée, da aldeia de Étrée. (Nota de Voltaire.) – Esse padre tinha denunciado o *Dictionnaire portatif* ao procurador-geral.

[7] O advogado Marchand, autor do *Testament politique d'un académicien*, libelo odioso. (Nota de Voltaire.) – O advogado Marchand (falecido em 1785) é autor do *Testament politique de M. de V**** (Voltaire), 1770, *in-8º*, de 68 páginas. Oito anos antes aparecera um *Testament de M. de Voltaire, trouvé parmi ses papiers après sa mort*, 1762, *in-12º*, de 34 páginas. Segundo uma frase da *Correspondance de Grimm* (ver tomo V da edição Maurice Tourneux, página 51, e, na mesma edição, a carta de 15 de janeiro de 1771), seríamos levados a crer que as duas obras são de Marchand. O *Testament* de 1762, entretanto, é talvez menos maçante que o de 1770. – No momento em que Voltaire ia publicar a sexta parte das *Questions* em que esse artigo aparecia, Frederico lhe escreveu: "Adivinhei pois que esse belo testamento não era vosso [...] No entanto muita gente que não tem o tato suficientemente fino se enganou, e penso que não seria mau desenganá-la". Daí essa nota.

FILÓSOFO

Uma imperatriz vitoriosa, que faz tremer os otomanos e que governa com tanta glória um império mais vasto que o Império Romano, só foi uma grande legisladora porque foi filósofa. Todos os príncipes do Norte o são, e o Norte faz o Sul sentir vergonha. Se os confederados da Polônia tivessem um pouco de filosofia, não pilhariam sua pátria, suas terras, suas casas; não ensanguentariam seu país, não se tornariam os mais desgraçados dos homens: escutariam a voz do seu rei filósofo, que lhes deu tão vãos exemplos e tão vãs lições de moderação e prudência.

O grande Juliano era filósofo quando escrevia aos seus ministros e aos seus pontífices aquelas formosas cartas, cheias de clemência e de sabedoria, que todos os verdadeiros homens de bem admiram ainda hoje, embora condenando seus erros.

Constantino não era filósofo quando assassinava os seus próximos, seu filho e sua mulher, e quando, desgostoso do sangue de sua família, jurava que Deus lhe havia enviado o *Labarum* nas nuvens.

É um terrível salto ir de Constantino a Carlos IX e a Henrique III, rei de uma das cinquenta grandes províncias do Império Romano. Mas, se esses reis tivessem sido filósofos, um não teria sido culpado da noite de São Bartolomeu, o outro não teria feito procissões escandalosas com seus efebos, não se teria reduzido à necessidade de assassinar o duque de Guise e o cardeal seu irmão e não teria sido ele próprio assassinado por um jovem jacobino, por amor de Deus e da Santa Igreja.

Se Luís, o Justo, décimo terceiro do seu nome, tivesse sido filósofo, não teria permitido que se arrastasse ao patíbulo o virtuoso De Thou e o inocente marechal de Marillac; não teria deixado sua mãe morrer de fome em Colônia; seu reino não teria sido uma série contínua de discórdias e calamidades intestinas.

Comparai a tantos príncipes ignorantes, supersticiosos, cruéis, governados por suas próprias paixões ou pelas de seus ministros, um homem como Montaigne, ou Charron, ou o chanceler de l'Hospital, ou o historiador De Thou, ou La Mothe-le-Vayer, um Locke, um Shaftesbury, um Sydney, um Herbert; e vede se preferiríeis ser governados por esses reis ou por esses sábios.

Quando falo dos filósofos, não é dos gaiatos que querem ser os macacos de Diógenes[8], mas daqueles que imitam Platão e Cícero. Voluptuosos cortesãos, e vós, homenzinhos investidos de um pequeno emprego que vos dá uma pequena autoridade num pequeno país, gritais contra a filosofia: vamos lá! sois *Nomentanus*, que se enfurece contra Horácio; sois Cotin, que quer que se despreze Boileau.

Seção III[9]

O rígido luterano, o selvagem calvinista, o orgulhoso anglicano, o fanático jansenista, o jesuíta que acredita continuar governando mesmo no exílio e debaixo da forca, o sorbonista que pensa ser Padre de um concílio e algumas tolas que toda essa gente dirige se irritam contra a filosofia. São cães de diferente espécie que urram cada qual à sua maneira contra um belo cavalo que pasta numa verdejante pradaria e que não lhes disputa nenhuma das carcaças de que eles se nutrem e pelas quais brigam entre si.

Todos os dias eles mandam imprimir mixórdias de teologia filosófica, dicionários filosófico-teológicos; e seus velhos argumentos propalados nas ruas eles chamam de demonstrações; e suas tolices batidas, de *lemas* e *corolários*, tal como os moedeiros falsos aplicam uma folha de prata sobre um escudo de chumbo.

Eles se sentem desprezados por todos os homens que pensam, e se veem reduzidos a enganar algumas velhas imbecis. Esse estado é mais humilhante do que ter sido expulsos da França, da Espanha e de Nápoles. Digere-se tudo, menos o desprezo. Diz-se que, quando o diabo foi vencido por Rafael (como está provado), esse espírito-corpo tão soberbo consolou-se muito facilmente, porque sabia que as armas são cotidianas; mas, quando soube que Rafael escarnecia dele, jurou não o perdoar jamais. Assim os jesuítas jamais perdoaram Pascal; assim Jurieu caluniou Bayle até o túmulo; assim todos os tartufos se encarniçaram contra Molière até sua morte.

---

[8] Jean-Jacques Rousseau.
[9] Ver a nota 4, p. 7, desta edição.

Em sua fúria eles prodigalizam as imposturas, assim como em sua inépcia recitam os seus argumentos.

Um dos mais implacáveis caluniadores, e um dos mais pobres argumentadores que temos, é um ex-jesuíta chamado Paulian, que mandou imprimir uma teologo-filosofo-rapsódia[10] na cidade de Avignon, outrora papal e talvez um dia papal[11]. Esse homem acusa os autores da *Encyclopédie* de ter dito:
"Que, sendo o homem, por seu nascimento, sensível apenas aos prazeres dos sentidos, tais prazeres são por conseguinte o único objeto dos seus desejos;
"Que não há em si nem vício nem virtude, nem bem nem mal moral, nem justo nem injusto;
"Que os prazeres dos sentidos produzem todas as virtudes;
"Que para ser feliz é mister abafar os remorsos etc."

Em que lugares da *Encyclopédie*, da qual se lançaram cinco edições novas, viu ele, pois, essas horríveis torpezas? Era preciso citar. Levaste a insolência do teu orgulho e a demência do teu caráter ao ponto de pensar que serias acreditado sob tua palavra? Essas tolices podem encontrar-se entre os casuístas, ou no *Porteiro dos cartuxos*, mas por certo não se acham nos artigos da *Encyclopédie* feitos pelo sr. Diderot, pelo sr. d'Alembert, pelo sr. cavaleiro de Jaucourt, pelo sr. de Voltaire. Não as viste nem nos artigos do sr. conde de Tressan, nem nos dos srs. Blondel, Boucher d'Argis, Marmontel, Venelle, Tronchin, d'Aubenton, d'Argenville e em tantos outros que se devotaram generosamente a enriquecer o *Dictionnaire encyclopédique* e que assim prestaram um serviço eterno à Europa. Certamente nenhum deles é culpado dos horrores de que os acusas. Só mesmo tu e o vinagreiro Abraham Chaumeix, o convulsionário crucificado, seriam capazes de tão infame calúnia.

Confundes o erro e a verdade, porque não sabes distingui-los; queres fazer enxergar como ímpia a máxima, adotada por todos os publicistas, de que *todo homem é livre para escolher uma pátria*.

---

[10] Ver o artigo JULIEN, nota 2, do *Dictionnaire philosophique*, III, *in* Voltaire, *Oeuvres complètes, op. cit.*, tomo XIX, p. 546. Ver também o "Avertissement" de Beuchot, do *Dictionnaire philosophique*, I, *in* Voltaire, *Oeuvres complètes*, tomo XVII, p. VII.

[11] Ver AVIGNON. Esse artigo foi escrito no momento (1771) em que Luís XV, de posse de Avignon, ia restituir essa cidade à Santa Sé.

Quê! vil pregador da escravidão, não era permitido à rainha Cristina viajar para a França e viver em Roma? Casimir e Stanislas não podiam terminar seus dias entre nós? Era preciso que morressem na Polônia, porque eram poloneses? Goldoni, Vanloo, Cassini ofenderam a Deus ao se estabelecerem em Paris? Todos os irlandeses que fizeram alguma fortuna na França cometeram com isso um pecado mortal?

E cometes a asneira de imprimir semelhante extravagância, e Riballier, a de te aprovar! E pões na mesma classe Bayle, Montesquieu e o louco La Métrie! E sentiste que a nossa nação é bastante branda, bastante indulgente para apenas te relegar ao desprezo.

Quê! ousas caluniar a tua pátria (se é que um jesuíta tem pátria)! Ousas dizer que "só se ouve na França filósofos atribuírem ao acaso a união e a desunião dos átomos que compõem a alma do homem"!

Mentiris impudentissime; desafio-te a mostrar um só livro feito nos últimos trinta anos no qual se atribua alguma coisa ao acaso, que não passa de uma palavra vazia de sentido.

Ousas acusar o sábio Locke de ter dito que "pode ser que a alma seja um espírito, mas não é certo que o seja, e não podemos decidir o que ela pode e não pode adquirir"!

Mentiris impudentissime. Locke, o respeitável Locke diz expressamente em sua resposta ao chicaneiro Stillingfleet: "Estou fortemente persuadido de que, ainda que não se possa mostrar (pela mera razão) que a alma é imaterial, isso não diminui de modo algum a evidência de sua imortalidade, porque a fidelidade de Deus é uma demonstração da verdade de tudo quanto ele revelou[12], e a falta de outra demonstração não torna duvidoso o que já está demonstrado."

Vede, aliás, no artigo ALMA, como Locke se exprime sobre os limites de nossos conhecimentos e sobre a imensidade do poder do Ser supremo.

O grande filósofo Lorde Bolingbroke declara que a opinião contrária à de Locke é uma blasfêmia.

Todos os Padres dos três primeiros séculos da Igreja viam a alma como uma matéria leve e não a acreditavam menos imortal. Temos

---

[12] Tradução de Coste. (Nota de Voltaire.)

FILÓSOFO

hoje pedantes de colégio que chamam *ateus* aos que pensam com os Padres da Igreja que Deus pode dar, conservar a imortalidade da alma, não importa a substância de que ela possa ser formada! Levas tua audácia ao ponto de encontrar ateísmo nestas palavras: "Quem faz o movimento na natureza? É Deus. Quem faz vegetar todas as plantas? É Deus. Quem faz o movimento nos animais? É Deus. Quem faz o pensamento no homem? É Deus."

Não se pode dizer aqui *mentiris impudentissime*, mentes impudentemente; mas deve-se dizer: blasfemas a verdade impudentemente.

Terminemos observando que o herói do ex-jesuíta Paulian é o ex--jesuíta Patouillet, autor de uma pastoral na qual todos os parlamentos do reino são insultados. Essa pastoral foi queimada pela mão do carrasco. Já não restava a esse ex-jesuíta Paulian senão tratar o ex-jesuíta Nonotte de Padre da Igreja e canonizar o jesuíta Malagrida, o jesuíta Guignard, o jesuíta Garnet, o jesuíta Oldcorn e todos os jesuítas a quem Deus concedeu a graça de serem enforcados ou esquartejados: eram todos grandes metafísicos, grandes filósofos-teólogos.

Seção IV[13]

As pessoas não-pensantes perguntam com frequência às pessoas pensantes para que serviu a filosofia. As pessoas pensantes lhes responderão: para destruir na Inglaterra o ódio religioso que fez perecer o rei Carlos I num cadafalso; para, na Suécia, impossibilitar um arcebispo de fazer correr o sangue da nobreza, com uma bula do papa na mão; para manter na Alemanha a paz da religião, tornando todas as disputas teológicas ridículas; para, enfim, apagar na Espanha as abomináveis fogueiras da Inquisição.

Galeses, infelizes galeses, ela impede que tempos borrascosos produzam uma segunda Fronda e um segundo Damiens.

Padres de Roma, ela vos força a suprimir a vossa bula *In coena Domini*, esse monumento de impudência e de loucura.

Povos, ela abranda vossos costumes. Reis, ela vos instrui.

---

[13] Ver a nota 4, p. 7, desta edição.

11

Seção V[14]

O filósofo é o amante da sabedoria e da verdade: ser sábio é evitar os loucos e os maus. O filósofo, portanto, só deve viver com filósofos.

Suponho que existem alguns sábios entre os judeus: se um desses sábios come com alguns rabinos, se ele se faz servir de um prato de enguias ou de lebres, se não consegue deixar de rir de alguns discursos supersticiosos dos seus convivas, ei-lo perdido na sinagoga; o mesmo se diga de um muçulmano, de um guebro, de um baniano.

Sei que se pretende que o sábio jamais deve deixar entrever aos profanos as suas opiniões, que deve ser louco com os loucos, imbecil com os imbecis; mas ainda não se ousou dizer que ele deve ser velhaco com os velhacos. Ora, exigir que o sábio seja sempre da opinião dos que enganam os homens não é, evidentemente, exigir que o sábio não seja um homem de bem? Exigir-se-á de um médico que seja sempre da opinião dos charlatães?

O sábio é um médico das almas; deve dar os seus remédios aos que lhe pedem e fugir da convivência dos charlatães que o perseguirão infalivelmente. Se, pois, um louco da Ásia Menor, ou um louco da Índia, diz ao sábio: "Meu amigo, estás com cara de não acreditar na égua Borac, ou nas metamorfoses de Vishnu; eu te denunciarei, te impedirei de ser *bostangi*, te desacreditarei, te perseguirei", o sábio deve lastimá-lo e calar-se.

Se pessoas ignorantes, nascidas com bom senso e querendo sinceramente se instruir, interrogam o sábio e lhe dizem: "Devo acreditar que há quinhentas léguas da Lua a Vênus, a mesma distância de Mercúrio a Vênus e de Mercúrio ao Sol, como o asseguram todos os primeiros Padres muçulmanos, a despeito de todos os astrônomos?". O sábio deve responder-lhes que os Padres podem enganar-se. O sábio deve adverti-los sempre de que cem dogmas não valem uma boa ação e de que é melhor socorrer um infortunado do que conhecer a fundo o abolidor e o abolido.

Quando um labrego vê uma cobra pronta para o atacar, deve matá-la; quando um sábio vê um supersticioso e um fanático, que fará? Ele os impedirá de morder.

---

[14] *Nouveaux mélanges*, terceira parte, 1765. (B.)

FILOSOFIA*

Seção I[15]

Escrevei *filosofie*[16] ou *philosophie* segundo vos aprouver; mas convinde em que desde que aparece ela é perseguida. Os cães a quem ofereceis um alimento de que não gostam vos mordem.

Direis que me repito: mas é preciso recolocar cem vezes diante dos olhos do gênero humano que a sagrada congregação condenou Galileu e que os pedantes que declararam excomungados todos os bons cidadãos que se submetessem ao grande Henrique IV foram os mesmos que condenaram as únicas verdades que se podiam encontrar nas obras de Descartes.

Todos os cães-d'água da lama teológica, latindo uns contra os outros, latiram contra De Thou, contra La Mothe-le-Vayer, contra Bayle. Quantas asneiras foram escritas por pequenos escolares galeses contra o sábio Locke!

Esses galeses dizem que César, Cícero, Sêneca, Plínio, Marco Aurélio podiam ser filósofos, mas que isso não é permitido entre os galeses. Responde-se-lhes que isso é muito permitido e muito útil

---

* Artigo do *Dictionnaire philosophique*, IV, in Voltaire, *Oeuvres complètes*, Garnier, Paris, 1879, tomo XX, p. 206.
[15] Nas *Questions sur l'Encyclopédie*, oitava parte, 1771, todo o artigo se compunha dessa primeira seção. (B.)
[16] Como se viu acima, p. 7, o autor colocara em PH o artigo PHILOSOPHE, mas não o artigo PHILOSOPHIE.

entre os franceses; que nada faz mais bem aos ingleses e que está na hora de exterminar a barbárie. Replicar-me-eis que jamais se conseguirá isso. Não, entre o povo e os imbecis; mas entre os homens de bem vosso afazer está feito.

Seção II[17]

Uma das grandes desditas, assim como um dos grandes ridículos do gênero humano, é que em todos os países que se chamam de civilizados, à exceção talvez da China, os sacerdotes se encarregaram do que incumbia unicamente aos filósofos. Esses sacerdotes meteram-se a regular o ano; isso estava, diziam, nos seus direitos, pois era necessário que os povos conhecessem os seus dias de festas. Assim os sacerdotes caldeus, egípcios, gregos, romanos acreditaram-se matemáticos e astrônomos; mas que matemática, e que astronomia! Estavam por demais ocupados nos seus sacrifícios, nos seus oráculos, nas suas adivinhações, nos seus augúrios para estudar seriamente. Quem quer que faça da charlatanice uma profissão não pode ter o espírito justo e esclarecido. Eles foram astrólogos, e jamais astrônomos[18].

Os próprios sacerdotes gregos, a princípio, só fizeram o ano de trezentos e sessenta dias. Foi preciso que os geômetras lhes ensinassem que estavam enganados em cinco dias e mais. Reformaram, pois, o seu ano. Outros geômetras lhes mostraram ainda que estavam enganados em seis horas. Ífito obrigou-os a mudar seu almanaque grego. Acrescentaram um dia de quatro em quatro anos ao seu ano errôneo; e Ífito celebrou essa mudança com a instituição das Olimpíadas.

Foi-se, enfim, obrigado a recorrer ao filósofo Méton, que, combinando o ano lunar com o solar, compôs o seu ciclo de dezenove anos, ao cabo dos quais o Sol e a Lua retornavam ao mesmo ponto com uma diferença de uma hora e meia. Esse ciclo foi gravado em ouro na praça pública de Atenas; e é esse famoso *número áureo* que se usa ainda hoje, com as correções necessárias.

Sabe-se bem a confusão ridícula que os sacerdotes romanos haviam introduzido no cômputo do ano.

---

[17] Adição feita, em 1774, à edição *in-4º*. (B.)
[18] Ver ASTROLOGIA. (Nota de Voltaire.)

FILOSOFIA

Seus equívocos foram tão grandes que as festas do verão caíam no inverno. César foi obrigado a trazer de Alexandria o filósofo Sosígenes para reparar os enormes erros dos pontífices.

Quando se tornou necessário reformar também o calendário de Júlio César, sob o pontificado de Gregório XIII, a quem se recorreu, a algum inquisidor? Não, a um filósofo, a um médico chamado Lílio. Incumba-se o professor Cogé, retor da Universidade, de redigir o livro *Connaissance des temps*; ele nem mesmo saberá do que se trata. Será preciso recorrer ao sr. de Lalande, da Academia das Ciências, encarregado desse penosíssimo trabalho tão mal recompensado.

O retor Cogé cometeu portanto um estranho equívoco quando propôs para os prêmios da Universidade este tema tão singularmente enunciado: *Non magis Deo quam regibus infensa est ista quae vocatur hodie philosophia* – "Essa a que se chama hoje filosofia não é mais inimiga de Deus do que dos reis." Ele queria dizer *menos* inimiga. Tomou *magis* por *minus*. E o coitado devia saber que as nossas academias não são inimigas nem do rei nem de Deus[19].

Seção III[20]

Se a filosofia fez tanta honra à França na *Encyclopédie*, deve-se confessar também que a ignorância e a inveja, que ousaram condenar essa obra, teriam coberto a França de opróbrio se doze ou quinze convulsionários, que formaram uma cabala, pudessem ser encarados como os órgãos da França, eles que não eram, com efeito, senão os ministros do fanatismo e da sedição, eles que forçaram o rei a quebrar o corpo que haviam seduzido. Suas manobras não foram tão violentas quanto no tempo da Fronda, mas não foram menos ridículas. Sua fanática credulidade quanto às convulsões e aos miseráveis prodígios de Saint-Médard era tão forte que obrigaram um magistrado, aliás sábio e respeitável, a dizer em pleno parlamento que "os milagres da Igreja católica ainda subsistiam". Não se pode entender por tais milagres senão os das convulsões. Por certo não

---

[19] Ver o *Discours de M. l'avocat Belleguier* a propósito desse tema; é bastante curioso. (Nota de Voltaire.) – Ver *Mélanges*, ano 1773.
[20] Acrescentada à edição *in-4º* de 1774. (B.)

15

se fazem outros iguais, a menos que se creia nas criancinhas ressuscitadas por santo Ovídio. O tempo dos milagres passou; a Igreja triunfante já não precisa deles. De boa-fé, haveria um só dos perseguidores da *Encyclopédie* que entendesse uma palavra dos artigos de astronomia, de dinâmica, de geometria, de metafísica, de botânica, de medicina, de anatomia, de que esse livro, que se tornou tão necessário, se encarrega em cada tomo?[21] Que infinidade de imputações absurdas e de calúnias grosseiras não se acumulou contra esse tesouro de todas as ciências! Bastaria reimprimi-las na sequência da *Encyclopédie* para lhes eternizar a vergonha. Eis o resultado de ter querido julgar uma obra que não se estava sequer à altura de estudar. Covardes! Gritaram que a filosofia arruinava a catolicidade. Que digo! Em vinte milhões de homens se encontrou um só que tenha vexado o menor frequentador da paróquia? Um só jamais faltou ao respeito nas igrejas? Um só proferiu publicamente, contra as nossas cerimônias, uma só palavra que se aproximasse da violência com a qual se invectivava a autoridade real?

Repitamos que jamais a filosofia fez mal ao Estado, e que o fanatismo, juntamente com o corporativismo, lho fez e muito em todos os tempos[22].

Seção IV
Súmula da filosofia antiga[23]

Consumi cerca de quarenta anos de minha peregrinação por dois ou três cantos deste mundo na busca daquela pedra filosofal a que chamam *verdade*. Consultei todos os adeptos da Antiguidade,

---

[21] Sabe-se que nem tudo é igual nessa obra imensa e que não é possível que o seja. Os artigos dos Cahusac e de outros intrusos semelhantes não podem igualar os dos Diderot, dos d'Alembert, dos Jaucourt, dos Boucher d'Argis, dos Venelle, dos Dumarsais e de tantos outros verdadeiros filósofos; mas, tomada em conjunto, a obra é um serviço eterno prestado ao gênero humano: prova disso é que a reimprimem em toda parte. Não se faz a mesma honra aos seus detratores. Será que eles existiram? Só se sabe disso pela menção que deles fazemos. (Nota de Voltaire.)

[22] Na edição *in-4º* das *Questions sur l'Encyclopédie* (1774), uma *Seção IV* compunha-se do *Discours de Mᵉ Belleguier*, citado no final da Seção II. (Ver *Mélanges*, ano 1773.) (B.)

[23] Impresso em *Nouveaux mélanges*, terceira parte, 1765; já aí esse trecho se intitulava *Précis de la philosophie ancienne*. (B.)

FILOSOFIA

Epicuro e Agostinho, Platão e Malebranche, e continuei na minha indigência. Talvez em todos os crisóis dos filósofos haja uma ou duas onças de ouro; mas tudo o mais é resíduo, lodo insípido de que nada pode nascer.

Parece-me que os gregos, nossos mestres, mais escreviam para mostrar o seu espírito do que se serviam do seu espírito para se instruir. Não vejo um só autor da Antiguidade que tenha um sistema bem-ordenado, metódico, claro, que vá de consequência em consequência.

Quando eu quis comparar e combinar os sistemas de Platão, do preceptor de Alexandre, de Pitágoras e dos orientais, eis mais ou menos o que deles pude extrair.

O acaso é uma palavra sem sentido; nada pode existir sem causa. O mundo está arranjado segundo leis matemáticas: logo, ele é arranjado por uma inteligência.

Não foi um ser inteligente como eu que presidiu à formação deste mundo, pois eu não posso formar um ácaro: logo, o mundo é obra de uma inteligência prodigiosamente superior.

Esse ser, que possui a inteligência e o poder em tão alto grau, existe necessariamente? Por certo que sim: porque é preciso ou que ele tenha recebido o ser por um outro ou que exista por sua própria natureza. Se recebeu o ser por um outro, o que é muito difícil de conceber, é preciso então que eu recorra a esse outro, e esse outro será o primeiro motor. Para qualquer lado que me volte, é preciso portanto que eu admita um primeiro motor poderoso e inteligente e que é tal necessariamente, por sua própria natureza.

Esse primeiro motor terá produzido as coisas a partir do nada? Isso não se concebe: criar a partir do nada é mudar o nada em alguma coisa. Não devo admitir semelhante produção, a menos que encontre razões irretorquíveis que me forcem a admitir o que meu espírito não consegue jamais compreender.

17

Tudo o que existe parece existir necessariamente, pois que existe. Porque, se há hoje uma razão da existência das coisas, houve uma ontem, houve uma em todos os tempos; e essa causa deve sempre ter tido o seu efeito, sem o que teria sido por toda a eternidade uma causa inútil.

Mas como as coisas terão sempre existido, estando visivelmente ligadas ao primeiro motor? É preciso pois que essa força tenha agido sempre: da mesma forma, aproximadamente, que não há sol sem luz, da mesma forma que não há movimento sem um ser que passe de um ponto do espaço para outro ponto.

Há pois um ser poderoso e inteligente que sempre agiu; e, se esse ser não tivesse agido, de que lhe teria servido a sua existência?

Todas as coisas são, pois, emanações eternas desse primeiro motor.

Mas como imaginar que a pedra e a lama sejam emanações do Ser eterno, inteligente e poderoso?

É preciso das duas uma, ou que a matéria dessa pedra e essa lama existam necessariamente por si mesmas, ou que existam necessariamente por esse primeiro motor: não há meio-termo.

Assim, pois, há apenas dois partidos a tomar: ou admitir a matéria eterna por si mesma, ou a matéria saindo eternamente do Ser poderoso, inteligente, eterno.

Mas, quer subsistente por sua própria natureza, quer emanada do Ser produtor, ela existe por toda a eternidade, já que ela existe, e não há nenhuma razão para que não tenha existido antes.

Se a matéria é eternamente necessária, segue-se que é impossível, que é contraditório que ela não exista; mas quem pode assegurar que é impossível, que é contraditório que esse calhau e essa mosca não tenham existência? É-se portanto forçado a absorver essa dificuldade, que mais espanta a imaginação do que contradiz os princípios do raciocínio.

De fato, desde que concebais que tudo emana do Ser supremo e inteligente, que nada emanou dele sem razão, que esse Ser sempre existente sempre precisou agir, que, por conseguinte, todas as coisas tiveram eternamente de sair do seio de sua existência, acreditar que a matéria de que se formam esse calhau e essa mosca é uma produção eterna não vos deve repugnar mais do que vos repugna conceber a luz como uma emanação eterna do Ser todo-poderoso.

Visto que sou um ser extenso e pensante, minha extensão e meu pensamento são portanto produções necessárias desse Ser. É evidente para mim que não posso dar-me nem a extensão nem o pensamento: logo, recebi ambos desse Ser necessário.

Poderá ele me ter dado o que ele não possui? Tenho a inteligência e estou no espaço: logo, ele é inteligente e está no espaço.

Dizer que esse Ser eterno, esse Deus todo-poderoso, sempre preencheu necessariamente o universo com suas produções não é tirar-lhe a liberdade; pelo contrário, porque a liberdade nada mais é que o poder de agir. Deus sempre agiu plenamente: logo, Deus sempre usou da plenitude de sua liberdade.

A liberdade que se chama de *indiferença* é uma palavra sem ideia, um absurdo: porque isso seria determinar-se sem razão, seria um efeito sem causa. Portanto Deus não pode ter essa pretensa liberdade, que é uma contradição nos termos. Logo, ele sempre agiu por essa mesma necessidade que constitui a sua existência.

É pois impossível que o mundo exista sem Deus, é impossível que Deus exista sem o mundo.

Este mundo está cheio de seres que se sucedem: logo, Deus sempre produziu seres que se sucederam.

Essas asserções preliminares são a base da antiga filosofia oriental e da filosofia dos gregos. Cumpre aqui excetuar Demócrito e Epicuro, cuja filosofia corpuscular foi de encontro a esses dogmas. Mas notemos que os epicureus se fundavam numa física inteiramente errônea, e que o sistema metafísico de todos os demais filósofos subsiste com todos os sistemas físicos. Toda a natureza, à exceção do vácuo, contradiz Epicuro; e nenhum fenômeno contradiz a filosofia que acabo de explicar. Ora, uma filosofia que está de acordo com tudo o que se passa na natureza e que contenta os espíritos mais atentos não será superior a qualquer outro sistema não-revelado?

Depois das asserções dos antigos filósofos, que eu conciliei tanto quanto me foi possível, o que nos resta? Um caos de dúvidas e de quimeras. Não creio que jamais tenha havido um filósofo com sistema que não tenha confessado no fim da vida que perdeu seu tempo. Deve-se admitir que os inventores das artes mecânicas foram bem mais úteis aos homens do que os inventores dos silogismos: aquele que inventou a naveta prevalece furiosamente contra aquele que inventou as ideias inatas.

Metafísica[24]

Trans-naturam, além da natureza. Mas o que está além da natureza é alguma coisa? Por natureza se entende portanto matéria, e metafísica é o que não é matéria:

Por exemplo, vosso raciocínio, que não é nem longo, nem largo, nem alto, nem sólido, nem pontiagudo;

Vossa alma, de vós desconhecida, que produz o vosso raciocínio;

Os espíritos, dos quais sempre se falou, aos quais se deu durante longo tempo um corpo tão sutil que já não era corpo, e aos quais se tirou enfim toda sombra de corpo, sem saber o que lhes restava;

A maneira pela qual esses espíritos sentem, sem ter o empecilho dos cinco sentidos; pela qual pensam, sem cabeça; pela qual comunicam entre si seus pensamentos, sem palavras e sem sinais;

---

[24] *Questions sur l'Encyclopédie*, oitava parte, 1771. (B.)

Enfim Deus, que conhecemos por suas obras, mas que o nosso orgulho quer definir; Deus, de quem sentimos o poder imenso; Deus, entre o qual e nós está o abismo do infinito e do qual ousamos sondar a natureza; Esses são os objetos da metafísica.

Poder-se-iam ainda acrescentar-lhes os próprios princípios da matemática, dos pontos sem extensão, das linhas sem largura, das superfícies sem profundidade, das unidades divisíveis ao infinito etc.

O próprio Bayle acreditava que esses objetos eram seres de razão; mas eles são, com efeito, apenas as coisas materiais consideradas em suas massas, em suas superfícies, em seus simples comprimentos ou larguras, nas extremidades desses meros comprimentos ou larguras. Todas as medidas são exatas e demonstradas, e a metafísica nada tem a ver com a geometria.

Eis por que se pode ser metafísico sem ser geômetra. A metafísica é mais divertida: com frequência é o romance do espírito. Em geometria, pelo contrário, é preciso calcular, medir. É um trabalho contínuo, e muitos espíritos têm preferido sonhar docemente a se fatigar.

TRATADO DE METAFÍSICA
(1734[1])

Introdução
Dúvidas sobre o homem

Poucas pessoas se permitem ter uma noção clara do que é o homem. Os camponeses de uma parte da Europa não têm outra ideia da nossa espécie senão a de um animal de dois pés, com uma pele trigueira, que articula algumas palavras, lavra a terra, paga, sem saber por quê, certos tributos a outro animal que eles chamam de *rei*, vende seus gêneros o mais caro que pode e se reúne em certos dias do ano para entoar preces numa língua da qual não entende patavina.

---

[1] Longchamp, no Capítulo XXV de suas *Mémoires* publicadas em 1826, conta que, encarregado de atiçar o fogo no qual se haviam jogado uns papéis que a sra. Du Châtelet recomendara queimar após sua morte, conseguiu subtrair um caderno de papel de carta, de uma *escrita muito miúda*. Esse caderno continha o *Traité de métaphysique*, que foi impresso pela primeira vez nas edições de Kehl. "Esta obra é ainda mais preciosa", diziam então os editores, "pois, não tendo sido destinada à impressão, pôde o autor dizer seu pensamento por inteiro. Ela encerra suas verdadeiras opiniões, e não apenas aquelas de suas opiniões que ele acreditava poder desenvolver sem se comprometer. Vê-se aí que ele estava fortemente persuadido da existência de um Ser supremo, e mesmo da imortalidade da alma, mas sem dissimular as dificuldades que se levantam contra essas duas opiniões e que filósofo algum ainda resolveu completamente."
Voltaire, ao oferecê-la à sra. Du Châtelet, para quem a compusera, juntou-lhe a seguinte quadra:

> O autor da metafísica .
> Ora trazida aos vossos joelhos
> Mereceu ser queimado em praça pública,
> Mas só ardeu por vós.

Um rei vê toda a espécie humana como seres feitos para obedecer a ele e aos seus iguais. Uma jovem parisiense que ingressa na sociedade só vê nela o que pode servir à sua vaidade; e a ideia confusa que ela tem da felicidade e o ruído de tudo o que a circunda impedem sua alma de ouvir a voz de todo o resto da natureza. Um jovem turco, no silêncio do serralho, vê os homens como seres superiores, obrigados por uma certa lei a deitar todas as sextas-feiras com suas escravas; e sua imaginação não vai muito além. Um padre divide o universo inteiro em eclesiásticos e leigos, e vê sem dificuldade a porção eclesiástica como a mais nobre e mais apta a conduzir o próximo etc. etc.

Quem acreditasse que os filósofos têm ideias mais completas da natureza humana estaria redondamente enganado: porque, se excetuardes Hobbes, Locke, Descartes, Bayle e um número diminuto de espíritos sábios, todos os demais têm sobre o homem uma opinião tão estreita quanto a do vulgo, só que mais confusa. Perguntai ao padre Malebranche o que é o homem: ele vos responderá que é uma substância feita à imagem de Deus, muito estragada depois do pecado original, porém mais unida a Deus do que ao seu corpo, vendo tudo em Deus, pensando, sentindo tudo em Deus.

Pascal vê o mundo inteiro como um agregado de seres maus e infelizes criados para serem condenados às penas eternas, entre os quais, entretanto, Deus escolheu desde toda a eternidade algumas almas, a saber, uma em cada cinco ou seis milhões, para serem salvas.

Um diz: O homem é uma alma unida a um corpo; e, quando o corpo está morto, a alma vive sozinha por todo o sempre; o outro assegura que o homem é um corpo que pensa necessariamente; e nem um nem outro provam o que afirmam. Eu gostaria, na investigação do homem, de me conduzir como fiz no estudo da astronomia: meu pensamento se transporta às vezes para fora do globo terrestre, de cima do qual todos os movimentos celestes parecem irregulares e confusos. E, depois de haver observado o movimento dos planetas como se estivesse no sol, comparo os movimentos aparentes que vejo sobre a terra com os movimentos verdadeiros que eu veria se estivesse no sol. Da mesma forma, ao estudar o homem, farei o possível para me colocar a princípio fora de sua esfera e longe de interesses, e me desfazer de todos os preconceitos de educação, de pátria e sobretudo dos preconceitos de filósofo.

Suponho, por exemplo, que, nascido com a faculdade de pensar e de sentir que tenho presentemente, e não tendo a forma humana, eu desça do globo de Martê ou de Júpiter. Posso dar uma olhada rápida em todos os séculos, todos os países e, por conseguinte, todas as tolices desse pequeno globo. Essa suposição é tão fácil de fazer, pelo menos, quanto a que faço quando imagino estar no sol para dali considerar os dezesseis planetas que giram regularmente no espaço em torno desse astro.

I
Das diferentes espécies de homens

Tendo descido sobre essa pequena massa de barro, e não tendo mais noção do homem do que o homem tem dos habitantes de Marte ou de Júpiter, desembarco nas costas do Oceano, no país da Cafraria, e me ponho primeiro a procurar um *homem*. Vejo macacos, elefantes, negros, que parecem ter todos uma centelha de uma razão imperfeita. Uns e outros têm uma linguagem que eu não entendo, e todas as suas ações parecem reportar-se igualmente a um determinado fim. Se eu julgasse as coisas pelo primeiro efeito que elas têm sobre mim, estaria inclinado a crer em primeiro lugar que de todos esses seres o elefante é que é o animal racional. Mas, para não tirar nenhuma conclusão precipitada, tomo filhotes desses diferentes animais: examino uma criança negra de seis meses, um elefantezinho, um macaquinho, um leãozinho, um cachorrinho: vejo, e disso não posso duvidar, que esses jovens animais têm incomparavelmente mais força e destreza; que têm mais ideias, mais paixões, mais memória do que o negrinho; que eles expressam de maneira muito mais sensível todos os seus desejos; mas, ao cabo de algum tempo, o negrinho tem tantas ideias quanto todos eles. Verifico mesmo que esses animais negros têm entre si uma linguagem bem mais articulada e bem mais variável do que a dos outros animais. Tive tempo de aprender essa linguagem e finalmente, à força de considerar o pequeno grau de superioridade que com o tempo eles adquirem sobre os macacos e os elefantes, arrisquei-me a julgar que ali está, efetivamente, o *homem*; e fiz para mim mesmo esta definição:

O homem é um animal negro, com lã em cima da cabeça, que caminha sobre duas patas, que é quase tão esperto quanto um macaco, menos forte que os outros animais de seu porte, que tem um pouco mais de ideias do que eles e mais facilidade para expressá-las; que está sujeito, aliás, a todas as mesmas necessidades; que nasce, vive e morre exatamente como eles.

Tendo passado algum tempo no meio dessa espécie, desloco-me para as regiões marítimas das Índias Orientais. Fico surpreso com o que vejo: os elefantes, os leões, os macacos, os papagaios não são aí inteiramente os mesmos que na Cafraria, mas os homens parecem absolutamente diferentes; são de um bonito amarelo, não têm nenhuma lã em cima da cabeça; esta é coberta por grandes crinas negras. Parecem ter sobre todas as coisas ideias contrárias às dos negros. Sou portanto forçado a mudar minha definição e a classificar a natureza humana em duas espécies: a amarela com crinas e a negra com lã.

Mas em Batávia, Goa e Surat, que são os pontos de encontro de todas as nações, vejo uma grande multidão de europeus, que são brancos e que não têm nem crinas nem lã, mas cabelos loiros muito finos e barba no queixo. Ali me mostram também muitos americanos, que não têm barba alguma: eis a minha definição e as minhas espécies de homens bem aumentadas.

Encontro em Goa uma espécie ainda mais singular do que todas estas: é um homem vestido com uma comprida sotaina preta e que se diz feito para instruir os demais. Todos esses diferentes homens que o senhor está vendo, diz-me ele, nasceram de um mesmo pai; e daí ele me conta uma longa história. Mas o que me diz esse animal me parece muito suspeito. Eu me informo se um negro e uma negra, de lã preta e nariz achatado, fazem às vezes filhos brancos, de cabelos loiros e de nariz aquilino e olhos azuis; se das nações sem barba saíram povos barbudos e se alguma vez os brancos e as brancas produziram povos amarelos. Respondem-me que não; que os negros transplantados para a Alemanha por exemplo, só fazem negros, a menos que os alemães se encarreguem de mudar a espécie, e assim quanto ao resto. Acrescentam-me que nunca homem um pouco instruído afirmou que as espécies não-misturadas degenerassem, e que apenas o abade Dubos disse essa tolice num livro intitulado *Réflexions sur la peinture et sur la poésie, etc.*[2] Parece-me então que tenho boas razões para acreditar que os homens são como as árvores; que as pereiras, os pinheiros, os carvalhos e os damasqueiros não vêm de uma mesma árvore, e que os brancos barbudos, os negros com lã, os amarelos com crinas e os homens sem barba não vêm do mesmo homem[3].

II
Se existe um Deus

Vamos examinar o que é, nessas diferentes espécies de homens, a faculdade de pensar como lhes vêm suas ideias, se eles têm uma alma distinta do corpo, se essa alma é eterna, se é livre, se tem virtudes e vícios etc.; mas a maior parte dessas ideias depende da existência ou da não-existência de um Deus. Importa, creio eu, começar por sondar o abismo desse grande princípio. Despojemo-nos aqui, mais que nunca, de toda paixão e de todo preconceito e vejamos de boa-fé o que a nossa razão nos pode ensinar sobre esta questão: *Existe um Deus, não existe um Deus?*

Observo desde já que existem povos que não têm nenhum conhecimento de um Deus criador: esses povos, em verdade, são bárbaros e em pequeníssimo número; mas, enfim, são homens; e, se o conhecimento de um Deus fosse necessário à natureza humana, os selvagens hotentotes teriam uma ideia tão sublime quanto nós de um Ser supremo. Mais ainda, não há uma só criança entre os povos civilizados que traga na cabeça a menor ideia de um Deus. Ela lhes é imprimida com dificuldade; elas pronunciam a palavra *Deus* frequentemente em toda a sua vida sem lhe ligar nenhuma noção fixa;

---

[2] O abade Dubos, nascido em 1670, falecido em 1742, publicou essas *Réflexions* em 1719.

[3] Todas essas diferentes raças de homens produzem juntas indivíduos capazes de se perpetuar, o que não se pode dizer das árvores de espécies diferentes; mas terá havido um tempo em que não existia mais que um ou dois indivíduos de cada espécie? Eis o que ignoramos por completo. (K.)

vedes, aliás, que as ideias de Deus diferem tanto entre os homens quanto suas religiões e suas leis; por isso não posso furtar-me a esta reflexão: Será possível que o conhecimento de um Deus, nosso criador, nosso conservador, nosso tudo, seja menos necessário ao homem do que um nariz e cinco dedos? Todos os homens nascem com um nariz e cinco dedos, e nenhum nasce com o conhecimento de Deus: quer isso seja deplorável ou não, tal é certamente a condição humana.

Vejamos se adquirimos com o tempo o conhecimento de um Deus, do mesmo modo como chegamos às noções matemáticas e a algumas ideias metafísicas. Que podemos fazer de melhor, numa investigação tão importante, do que pesar o que se pode dizer pró e contra e decidir-nos pelo que nos pareça mais conforme à nossa razão?

Sumário das razões em favor da existência de Deus

Há duas maneiras de chegar à noção de um ser que preside ao universo. A mais natural e mais perfeita para as capacidades comuns é considerar não somente a ordem que existe no universo mas também o fim para o qual cada coisa parece tender. Sobre essa simples ideia compuseram-se muitos livros grossos, e todos esses livros juntos não contêm nada mais que este argumento: quando vejo um relógio cujo ponteiro marca as horas, concluo que um ser inteligente arranjou as molas[4] dessa máquina, a fim de que o ponteiro marcasse as horas. Assim, quando vejo as molas do corpo humano, concluo que um ser inteligente arranjou esses órgãos para que sejam recebidos e nutridos nove meses no útero; que os olhos são dados para ver, as mãos para pegar etc. Mas desse único argumento não posso deduzir outra coisa senão que é provável que um ser inteligente e superior preparou e afeiçoou a matéria com habilidade; mas disso não posso concluir que esse ser tenha feito a matéria do nada e que

---

[4] Em *Les cabales*, sátira de 1772, Voltaire disse (versos 111-112):

> O universo me intriga, e não posso pensar
> Que este relógio exista e não o relojoeiro.

Ver *Les cabales*, in Voltaire, *Oeuvres complètes*, op. cit., tomo X, p. 182.

seja infinito em todos os sentidos. Por mais que eu procure no meu espírito a conexão dessas ideias – "É provável que eu seja a obra de um ser mais poderoso do que eu, portanto esse ser existe desde sempre, portanto criou tudo, portanto é infinito etc." –, não vejo o encadeamento que leva direto a essa conclusão; vejo apenas que há algo mais poderoso do que eu e nada mais.

O segundo argumento é mais metafísico, menos suscetível de ser apreendido pelos espíritos toscos, e conduz a conhecimentos bem mais vastos; eis uma súmula dele: Eu existo, logo alguma coisa existe. Se alguma coisa existe, alguma coisa existiu desde sempre: pois o que é, ou é por si mesmo ou recebeu seu ser de um outro. Se ele é por si mesmo, ele é necessariamente, sempre foi necessariamente, e é Deus; se recebeu seu ser de um outro, e este segundo de um terceiro, aquele de quem este último recebeu o seu *ser* deve necessariamente ser Deus. Porque não podeis conceber que um ser dê o ser a um outro se ele não tiver o poder de criar; ademais, se dizeis que uma coisa recebe, não digo a forma, mas a sua existência, de outra coisa, e esta de uma terceira, essa terceira de uma outra e assim por diante, remontando até o infinito, dizeis um absurdo. Porque então todos esses seres não terão nenhuma causa de sua existência. Tomados todos em conjunto, eles não têm nenhuma causa externa de sua existência; tomados cada qual em particular, não têm uma causa interna; vale dizer, tomados todos em conjunto, eles não devem sua existência a nada; tomados cada qual em particular, nenhum deles existe por si mesmo; logo, nenhum pode existir necessariamente.

Sou pois forçado a confessar que há um ser que existe necessariamente por si mesmo desde sempre e que está na origem de todos os outros seres. Daí se segue essencialmente que esse ser é infinito em duração, em imensidade, em potência: pois quem pode limitá--lo? Mas, dir-me-eis, o mundo material é precisamente esse ser que procuramos. Examinemos de boa-fé se a coisa é provável.

Se este mundo material é existente por si mesmo, por uma necessidade absoluta, é uma contradição nos termos supor que a menor parte desse universo possa ser diferente do que é: pois, se neste momento ela é de uma necessidade absoluta, esta simples palavra exclui qualquer outra maneira de ser; ora, por certo essa mesa à qual escrevo, essa pena de que me sirvo nem sempre foram o que são; esses pensamentos que traço no papel nem sequer existiam um instante atrás, portanto não existem necessariamente. Ora, se cada parte não existe por uma necessidade absoluta, é portanto impossível que o todo exista por si mesmo. Produzo movimento, portanto o movimento não existia antes; portanto o movimento não é essencial à matéria; portanto a matéria o recebe de outro lugar; portanto há um Deus que lho dá. Da mesma forma, a inteligência não é essencial à matéria, pois um rochedo ou o trigo não pensam. De quem, pois, as partes da matéria que pensam e que sentem terão recebido a sensação e o pensamento? Não, decerto, delas mesmas, já que sentem mau grado seu; não pode ser da matéria em geral, visto que o pensamento e a sensação não constituem a essência da matéria: receberam, pois, esses dons da mão de um Ser supremo, inteligente, infinito e que é a causa da qual se originaram todos os seres.

Eis, em poucas palavras, as provas da existência de um Deus e a súmula de vários volumes: súmula que cada leitor pode estender à vontade.

Aqui estão, com a mesma brevidade, as objeções que se podem fazer a esse sistema:

Dificuldades acerca da existência de Deus

1º Se Deus não é este mundo material, ele o criou (ou então, se quiserdes, concedeu a um outro ser qualquer o poder de o criar, o que vem a dar no mesmo); mas, ao fazer este mundo, ou o tirou do nada, ou o tirou de seu próprio ser divino. Não pode tê-lo tirado do nada, que nada é; não pode tê-lo tirado de si, visto que nesse caso este mundo seria essencialmente parte da essência divina: portanto, não posso ter uma ideia da criação, portanto não devo admitir a criação.

2º Deus teria feito este mundo ou necessariamente ou livremente: se o fez por necessidade, deve tê-lo feito sempre, pois essa necessidade é eterna; portanto, nesse caso o mundo seria eterno e criado, o que implica contradição. Se Deus o fez livremente, por sua escolha, sem nenhuma razão antecedente, eis outra contradição: pois é contradizer-se supor o Ser infinitamente sábio fazendo tudo sem razão alguma que o determine, e o Ser infinitamente poderoso tendo passado uma eternidade sem fazer o menor uso de seu poder.

3º Se parece à maioria dos homens que um ser inteligente imprimiu o selo da sabedoria sobre toda a natureza, e que cada coisa parece ser feita para um determinado fim, é ainda mais verdadeiro aos olhos dos filósofos que tudo se faz na natureza pelas leis eternas, independentes e imutáveis da matemática; a construção e a duração do corpo humano são uma sequência do equilíbrio dos licores e da força das alavancas. Quanto mais se fazem descobertas sobre a estrutura do universo, mais ele é visto como arranjado, desde as estrelas até o ácaro, segundo as leis matemáticas. É lícito pois acreditar que, tendo essas leis operado por sua natureza, daí resultam efeitos necessários que se tomam pelas determinações arbitrárias de um poder inteligente. Por exemplo, um campo produz forragem porque tal é a natureza de seu terreno regado pela chuva, e não porque existem cavalos que precisam de feno e aveia; e assim com tudo o mais.

4º Se o arranjo das partes deste mundo, e tudo quanto acontece entre os seres que têm a vida sensível e pensante, provava um Criador e um senhor, provaria ainda mais um ser bárbaro: porque, se admitirmos causas finais, seremos obrigados a dizer que Deus, infinitamente sábio e infinitamente bom, deu vida a todas as criaturas para que elas sejam devoradas umas pelas outras. Com efeito, se se consideram todos os animais, vê-se que cada espécie tem um instinto irresistível que a leva a destruir outra espécie. Em relação às misérias do homem, há razões para censurar a Divindade durante toda a nossa vida. Por mais que nos digam que a sabedoria e a bondade de Deus não são feitas como as nossas, esse argumento não terá nenhuma força sobre o espírito de muitas pessoas, que responderão que só podem julgar a justiça com a ideia mesma que se supõe que Deus lhes tenha dado, que só se pode medir com a medida que se tem e que é tão impossível não considerarmos muito bárbaro um ser que se conduzisse como um homem bárbaro quanto é impossível não pensarmos que um ser qualquer tem dois metros depois de o havermos medido com uma craveira e constatarmos que ele parece ter essa grandeza.

Se nos replicarem, acrescentarão essas pessoas, que nossa medida é errada, dir-nos-ão uma coisa que parece implicar contradição: pois é o próprio Deus que nos terá dado essa falsa ideia; portanto, Deus nos terá feito apenas para nos enganar. Ora, isso equivale a dizer que um ser que não pode ter senão perfeições lança suas criaturas no erro, que é, a bem dizer, a única imperfeição; isso é visivelmente se contradizer. Enfim, os materialistas acabarão por afirmar: Temos menos absurdos a engolir no sistema do ateísmo do que no do deísmo: porque, de um lado, é preciso em verdade que concebamos como eterno e infinito este mundo que vemos; mas, de outro, impõe-se que imaginemos um outro ser infinito e eterno e que lhe acrescentemos a criação, da qual não podemos ter ideia. É-nos mais fácil portanto, concluirão, não acreditar do que acreditar num Deus.

Respostas a essas objeções

Os argumentos contra a criação se reduzem a mostrar que nos é impossível concebê-la, isto é, conceber sua maneira, mas não que ela seja impossível em si: pois, para que a criação fosse impossível, seria preciso em primeiro lugar provar que é impossível que exista um Deus; mas, bem longe de provar essa impossibilidade, é-se obrigado a reconhecer que é impossível que ele não exista. Esse argumento, que afirma ser necessário que exista fora de nós um ser infinito, eterno, imenso, todo-poderoso, livre, inteligente, e as trevas que acompanham essa luz, só serve para mostrar que essa luz existe: pois, pelo fato mesmo de um ser infinito nos ser demonstrado, também nos será demonstrado que deve ser impossível a um ser finito compreendê-lo.

Parece-me que se pode tão-somente fazer sofismas e dizer absurdos quando se quer tentar negar a necessidade de um ser existente por si mesmo, ou quando se quer sustentar que a matéria é esse ser. Mas, quando se trata de estabelecer e de discutir os atributos desse ser, cuja existência está demonstrada, a coisa é bem outra.

Os mestres na arte de raciocinar, os Locke, os Clarke, nos dizem: "Esse ser é um ser inteligente, pois aquele que tudo produziu deve ter todas as perfeições que colocou naquilo que produziu, sem o que o efeito seria mais perfeito do que a causa"; ou então de outra

maneira: "Haveria no efeito uma perfeição que não teria sido produzida por nada, o que é manifestamente absurdo. Portanto, já que existem seres inteligentes, e visto que a matéria não logrou adquirir a faculdade de pensar, é preciso que o ser exista por si mesmo, que Deus seja um ser inteligente." Mas não se poderia retorquir a esse argumento e dizer: "É preciso que Deus seja matéria", já que existem seres materiais; pois, sem isso, a matéria não terá sido produzida por nada, e uma causa terá produzido um efeito cujo princípio não estava nela? Acreditou-se eludir esse argumento introduzindo a palavra *perfeição*; o sr. Clarke parece tê-lo prevenido, mas não ousou colocá-lo em sua plena luz; ele faz simplesmente esta objeção: "Dir-se-á que Deus comunicou efetivamente a divisibilidade e a figura à matéria, conquanto ele não seja nem figurado nem divisível."
E deu a essa objeção uma resposta muito sólida e muito adequada: é que a divisibilidade, a figura são qualidades negativas e limitações; e que, embora uma causa não possa comunicar ao seu efeito nenhuma perfeição que ela não tenha, o efeito pode, entretanto, e deve necessariamente, ter limitações, imperfeições que a causa não tem. Mas o que responderia o sr. Clarke a quem lhe dissesse: "A matéria não é um ser negativo, uma limitação, uma imperfeição; é um ser real, positivo, que tem seus atributos exatamente como os tem o espírito; ora, como terá Deus podido produzir um ser material se ele não é material?" É preciso, pois, ou que confesseis que a causa pode comunicar algo de positivo que ela não tem, ou que a matéria não tem nenhuma causa de sua existência; ou, enfim, que sustenteis que a matéria é pura negação e limitação; ou então, se essas três partes são absurdas, cumpre confessardes que a existência dos seres inteligentes não prova que o ser existente por si mesmo é um ser inteligente, assim como a existência dos seres materiais não prova que o ser existente por si mesmo é matéria: pois a coisa é absolutamente semelhante; dir-se-á o mesmo do movimento. A propósito da palavra *perfeição*, há aqui um equívoco notório: pois quem ousará dizer que a matéria é uma imperfeição e o pensamento, uma perfeição? Creio que ninguém ousa estabelecer assim a essência das coisas. E depois, que quer dizer *perfeição*? É perfeição em relação a Deus ou em relação a nós?

Bem sei que se pode dizer que essa opinião levaria ao spinozismo; a isso eu poderia responder que aqui eu nada posso fazer, e que meu raciocínio, se for bom, não poderá tornar-se mau pelas consequências que dele se podem tirar. Por outro lado, nada seria mais falso do que essa consequência: pois isso provaria apenas que nossa inteligência se assemelha tão pouco à inteligência de Deus quanto nossa maneira de ser extenso se assemelha à maneira pela qual Deus preenche o espaço. A Deus não cabem as causas que conhecemos: ele pôde criar o espírito e a matéria sem ser nem matéria nem espírito; nem uma nem outro derivam dele, mas são por ele criados. Não conheço o *quomodo*, é verdade: prefiro parar a me extraviar; sua existência me é demonstrada, mas quanto aos seus atributos e à sua essência, creio eu, é-me demonstrado que não fui feito para os compreender.

Dizer que Deus não pôde fazer este mundo nem necessariamente nem livremente não passa de um sofisma que cai por si só uma vez provado que existe um Deus e que o mundo não é Deus; e essa objeção se reduz apenas a isto: Não posso compreender que Deus haja criado o universo num tempo e não em outro: portanto ele não pôde criá-lo. É como se se dissesse: Não posso entender por que certo homem ou certo cavalo não existiu mil anos antes: portanto a existência deles é impossível. Demais, a vontade livre de Deus é uma razão suficiente do tempo no qual ele quis criar o mundo. Se Deus existe, ele é livre; e não o seria se fosse sempre determinado por uma razão suficiente, e se a sua vontade não servisse para isso. Aliás, essa razão suficiente estaria nele ou fora dele? Se está fora dele, ele não se determina livremente; se está nele, que é ela senão a sua vontade?

As leis matemáticas são imutáveis, é verdade; mas não era necessário que tais leis fossem preferidas a outras. Não era necessário que a Terra estivesse colocada onde está; nenhuma lei matemática pode agir por si mesma; nenhuma age sem movimento, o movimento não existe por si mesmo: portanto, é preciso recorrer a um primeiro motor. Reconheço que os planetas, situados a determinada distância do Sol, devem percorrer as suas órbitas segundo as leis que eles observam, que mesmo a sua distância pode ser regulada pela quantidade de matéria que eles encerram. Mas poder-se-á dizer que era necessário que houvesse uma tal quantidade de matéria em cada planeta, que houvesse um certo número de estrelas, que esse número não pudesse ser aumentado nem diminuído, que sobre a Terra houvesse uma necessidade absoluta e inerente na natureza das coisas de que existisse um certo número de seres? Não, sem dúvida, já que esse número muda todos os dias: portanto toda a natureza, desde a estrela mais distante até o menor talo de erva, deve estar submetida a um primeiro motor.

Quanto à objeção de que um pasto não é essencialmente feito para os cavalos etc., não se pode concluir daí que não haja nenhuma causa final, mas apenas que não conhecemos todas as causas finais. Aqui importa sobretudo raciocinar de boa-fé e não tentar enganar-se a si mesmo; quando se vê uma coisa que tem sempre o mesmo efeito, que tem unicamente esse efeito, que se compõe de uma infinidade de órgãos, nos quais há uma infinidade de movimentos que concorrem, todos eles, para a mesma produção, parece-me que não se pode, sem uma secreta repugnância, negar uma causa final. O germe de todos os vegetais, de todos os animais está nesse caso: não será preciso ser um pouco ousado para dizer que tudo isso não se reporta a nenhum fim?

Convenho em que não existe demonstração propriamente dita que prove que o estômago é feito para digerir, assim como não existe demonstração de que está amanhecendo; mas os materialistas estão bem longe de conseguir demonstrar também que o estômago não é feito para digerir. Que se julgue com equidade, como se julgam as coisas no tribunal ordinário, qual é a opinião mais provável.

Em relação às acusações de injustiça e crueldade que se fazem a Deus, respondo primeiro que, supondo-se que exista um mal moral (o que me parece uma quimera), esse mal moral é tão impossível de explicar no sistema da matéria quanto no de um Deus. Respondo em seguida que não temos da justiça outras ideias além das que concebemos acerca de toda ação útil à sociedade, ideias estas conformes às leis estabelecidas por nós para o bem comum: ora, como essa ideia nada mais é que uma ideia de relação de homem para homem, ela não pode ter nenhuma analogia com Deus. É tão absurdo, nesse sentido, afirmar que Deus é justo ou injusto quanto dizer que Deus é azul ou quadrado.

É, pois, insensato reprovar a Deus porque as moscas são comidas pelas aranhas e porque os homens vivem apenas oitenta anos, porque eles abusam de sua liberdade para se destruírem uns aos outros, porque têm doenças, paixões cruéis etc.: pois não temos decerto nenhuma ideia de que os homens e as moscas devessem ser eternos. Para bem assegurar que uma coisa é má, deve-se ver ao mesmo tempo que se poderia fazer melhor. Não podemos certamente julgar que uma máquina é imperfeita senão pela ideia da perfeição que lhe falta; não podemos, por exemplo, julgar que os três lados de um triângulo são desiguais se não temos a ideia de um triângulo equilátero; não podemos dizer que um relógio é ruim se não temos uma ideia distinta de um certo número de espaços iguais que o ponteiro desse relógio deve igualmente percorrer. Mas quem terá uma ideia segundo a qual este nosso mundo infringe a sabedoria divina?

Na opinião de que existe um Deus encontram-se dificuldades: mas na opinião contrária há absurdos: e é o que cabe examinar com aplicação, fazendo um pequeno resumo daquilo em que o materialista é obrigado a crer.

Consequências necessárias
da opinião dos materialistas

É preciso que eles digam que o mundo existe necessariamente e por si mesmo, de sorte que haveria contradição nos termos ao se dizer que uma parte da matéria poderia não existir ou que poderia existir diferentemente do que é; é preciso que digam que o mundo material tem em si essencialmente o pensamento e o sentimento, pois não pode adquiri-los, visto que nesse caso eles lhe viriam do nada; aliás, ele não pode tê-los, já que se supõe que seja tudo o que existe. Cumpre, pois, que esse pensamento e esse sentimento lhe sejam inerentes da mesma forma que a extensão, a divisibilidade e a capacidade do movimento são inerentes à matéria; cumpre, com isso, confessar que existe apenas um pequeno número de partes que têm esse sentimento e esse pensamento essencial à totalidade do mundo; que esses sentimentos e esses pensamentos, conquanto inerentes na matéria, perecem no entanto a cada instante; ou então será preciso afirmar que existe uma alma do mundo que se dissemina nos corpos organizados, e então será necessário que essa alma seja outra coisa que não o mundo. Assim, para qualquer lado que nos voltemos encontramos tão-somente quimeras que se destroem. Os materialistas devem ainda defender que o movimento é essencial à matéria. Com isso eles são obrigados a dizer que o movimento nunca pôde nem poderá jamais aumentar ou diminuir; serão forçados a dizer que cem mil homens que caminhem ao mesmo tempo e cem tiros de canhão que se deem não produzem nenhum movimento novo na natureza. Será preciso ainda que assegurem não haver nenhuma liberdade e que, com isso, destruam todos os vínculos da sociedade, e que acreditem numa fatalidade tão difícil de compreender quanto a liberdade, mas que eles mesmos desmentem na prática. Que um leitor imparcial, que haja pesado maduramente os prós e os contras da existência de um Deus criador, veja agora de que lado está a verossimilhança.

Depois de termos sido assim levados de dúvida em dúvida, e de conclusão em conclusão, até poder considerar a proposição *Existe um Deus* como a coisa mais verossímil que os homens podem pensar, e depois de ter visto que a proposição contrária é das mais absurdas, parece natural investigar qual relação existe entre Deus e nós; verificar se Deus estabeleceu leis para os seres pensantes, como existem leis mecânicas para os seres materiais; examinar se existe uma moral, e o que ela pode ser; se existe uma religião estabelecida pelo próprio Deus. Essas questões são sem dúvida de uma importância a que tudo cede, e as buscas nas quais nos comprazemos durante a vida são comparativamente bem frívolas; mas essas questões serão mais pertinentes quando estivermos considerando o homem como um animal social.

Examinemos em primeiro lugar a maneira como lhe vêm suas ideias e como ele pensa, antes de verificar qual uso faz ou deve fazer de seus pensamentos.

III
Que todas as ideias vêm pelos sentimentos

Quem quer que tenha uma percepção fiel de tudo o que ocorreu em seu entendimento confessará sem dificuldade que os seus sentidos lhe forneceram todas as suas ideias; mas alguns filósofos[5], que abusaram de sua razão, pretenderam que tínhamos ideias inatas; e o asseguraram tão-só sobre o mesmo fundamento que os levou a dizer que Deus tomou alguns cubos de matéria e os esfregou uns contra os outros para formar este mundo visível. Forjaram sistemas com os quais se gabavam de poder arriscar qualquer explicação aparente dos fenômenos da natureza. Essa maneira de filosofar é ainda mais perigosa do que o desprezível jargão escolástico. Porque, como esse jargão é absolutamente vazio de sentido, basta um pouco de atenção a um espírito reto para se aperceber de um golpe do seu ridículo e ir procurar alhures a verdade; mas uma hipótese engenhosa e ousada, que tem a princípio alguns laivos de verossimilhança, persuade o orgulho humano a acreditar nela; o espírito se regozija com esses princípios sutis e se serve de toda a sua sagacidade para defendê-los. É evidente que nunca devemos fazer hipóteses; não se deve dizer: Comecemos por inventar princípios com os quais tentaremos explicar tudo. Mas cumpre dizer: Façamos exatamente a análise das coisas, em seguida tentaremos ver com muita desconfiança se elas se harmonizam com alguns princípios. Os que fizeram o romance das ideias inatas se jactaram de ter dilucidado as ideias do infinito, da imensidade de Deus e certas noções metafísicas que eles supunham ser comuns a todos os homens. Mas se, antes de enredar-se nesse sistema, eles se tivessem disposto a refletir que muitos homens não têm em toda a sua vida o menor vestígio dessas noções, que nenhuma criança as tem a não ser quando lhas incutem e que, quando enfim elas são adquiridas, não se têm delas senão percepções muito imperfeitas, ideias puramente negativas, eles mesmos se envergonhariam de sua opinião. Se há alguma coisa de demonstrado fora da matemática, é que não existem ideias inatas no homem; se as houvesse, todos os homens ao nascer teriam a ideia de um Deus, e teriam todos a mesma ideia; teriam todos as mesmas noções metafísicas; acrescente-se a isso o absurdo ridículo em que se incorre quando se afirma que Deus nos dá, no ventre da mãe, noções cujo ensino em nossa juventude é inteiramente necessário.

---

[5] Descartes.

TRATADO DE METAFÍSICA

É pois indubitável que nossas primeiras ideias são as nossas sensações. Aos poucos vamos recebendo ideias compostas daquilo que atinge os nossos órgãos, e nossa memória retém essas percepções; em seguida nós as classificamos sob ideias gerais, e dessa faculdade única que temos, de assim compor e de arranjar as nossas ideias, resultam todos os vastos conhecimentos do homem.

Os que objetam que as noções do infinito em duração, em extensão e em número não podem vir dos nossos sentidos só precisam entrar por um instante dentro de si mesmos: primeiramente verão que não têm nenhuma ideia completa ou mesmo apenas positiva do infinito, mas que só juntando as coisas materiais umas às outras é que chegaram a saber que não verão jamais o fim da sua conta; e essa impotência eles a chamaram de *infinito*, o que é antes uma confissão da ignorância humana do que uma ideia acima dos nossos sentidos. Objete-se que existe um infinito real em geometria, e eu responderei que não: prova-se apenas que a matéria será sempre divisível; prova-se que todos os círculos possíveis passarão entre duas linhas; prova-se que uma infinidade de superfícies nada tem de comum com uma infinidade de cubos; porém isso não dá mais a ideia do infinito do que a proposição *Existe um Deus* nos dá uma ideia do que é Deus.

Mas não basta estarmos convencidos de que nossas ideias nos vêm todas pelos sentidos; nossa curiosidade nos leva até ao ponto de querer conhecer como elas nos vêm. Foi aqui que todos os filósofos fizeram belos romances; era fácil evitá-los, considerando com boa-fé os limites da natureza humana. Quando não nos podemos ajudar com o compasso da matemática, nem com o archote da experiência e da física, é certo que não podemos dar um só passo. Enquanto não tivermos os olhos suficientemente finos para distinguir entre as partes constituintes do ouro e as partes constituintes de um grão de mostarda, é certo que não poderemos raciocinar sobre as suas essências; e, enquanto o homem não for de uma outra natureza, e não tiver órgãos para perceber sua própria substância e a essência de suas ideias tal como ele tem órgãos para sentir, é indubitável que lhe será impossível conhecê-las. Indagar como pensamos e como sentimos, como os nossos movimentos obedecem à nossa vontade, é indagar o segredo do Criador; nossos sentidos não nos fornecem mais vias para chegar a esse conhecimento do que nos fornecem asas quando desejamos ter a faculdade de voar; e é isso que prova, a meu ver, que todas as nossas ideias nos vêm pelos sentidos: visto que, quando os sentidos nos faltam, as ideias também nos faltam; por isso, é-nos impossível saber como pensamos, pela mesma razão que é impossível ter uma ideia de um sexto sentido; é porque nos faltam órgãos que ensinem essas ideias. Eis por que aqueles que tiveram a ousadia de imaginar um sistema sobre a natureza da alma e das nossas concepções se viram obrigados a conceber a opinião absurda das ideias inatas, jactando-se de que, entre as pretensas ideias metafísicas que caíram do céu em nosso espírito, algumas havia que desvendariam esse segredo impenetrável.

De todos os raciocinadores ousados que se perderam nas profundezas dessas investigações, o padre Malebranche foi o que pareceu desgarrar-se do modo mais sublime.

Eis a que se reduz o seu sistema, que tanto barulho fez:

As percepções que nos vêm acerca dos objetos não podem ser causadas por esses mesmos objetos, que certamente não têm em si o poder de provocar um sentimento; elas não vêm de nós mesmos, porque somos, a esse respeito, tão impotentes quanto esses objetos; é preciso, portanto, que seja Deus que no-las dá. "Ora, Deus é o lugar dos espíritos, e os espíritos subsistem nele"; portanto, é nele que temos as nossas ideias, e é nele que vemos todas as coisas.

Ora, eu pergunto a qualquer homem que não esteja com a cabeça exaltada: Qual noção clara este último raciocínio nos dá?

Pergunto o que quer dizer *Deus é o lugar dos espíritos*; e, mesmo que as palavras *sentir e ver tudo em Deus* formassem em nós uma ideia distinta, pergunto o que ganharíamos com isso e em que seríamos mais sábios do que antes.

Por certo, para reduzir o sistema do padre Malebranche a algo inteligível, é-se obrigado a recorrer ao spinozismo, imaginar que a totalidade do universo é Deus, que esse Deus age em todos os seres, sente nos animais, pensa nos homens, vegeta nas árvores, é pensamento e calhau, tem todas as partes de si mesmo destruídas a cada momento e, enfim, todos os absurdos que decorrem necessariamente desse princípio.

TRATADO DE METAFÍSICA

Os extravios de todos os que quiseram aprofundar aquilo que é impenetrável para nós devem ensinar-nos a não querer transpor os limites da nossa natureza. A verdadeira filosofia consiste em saber parar ali onde é preciso parar e nunca caminhar senão com um guia seguro. Há ainda muito terreno a percorrer sem viajar nos espaços imaginários. Contentemo-nos pois em saber, pela experiência respaldada no raciocínio, única fonte dos nossos conhecimentos, que nossos sentidos são as portas pelas quais todas as ideias entram em nosso entendimento; e relembremos que nos é absolutamente impossível conhecer o segredo dessa mecânica, porque não dispomos de instrumentos proporcionais às suas molas.

IV
Que existem, com efeito, objetos exteriores

De modo algum se teria pensado em tratar dessa questão se os filósofos não se tivessem empenhado em duvidar das coisas mais claras, da mesma forma que se gabaram de conhecer as mais duvidosas.

Nossos sentidos nos permitem ter ideias, dizem eles; mas pode ser que o nosso entendimento receba essas percepções sem que haja qualquer objeto no exterior. Sabemos que, durante o sono, vemos e sentimos coisas que não existem; talvez a nossa vida seja um sonho contínuo e a morte venha a ser o momento do nosso despertar, ou o fim de um sonho ao qual nenhum despertar se sucederá.

Nossos sentidos nos enganam mesmo na vigília; a menor alteração dos nossos órgãos às vezes nos faz ver objetos e ouvir sons cuja causa não se encontra senão no desarranjo do nosso corpo; é, pois, muito possível que nos aconteça sempre o que nos acontece algumas vezes.

Eles acrescentam que, quando vemos um objeto, quando percebemos uma cor, uma figura, quando ouvimos sons, agrada-nos chamar tudo isso de *os modos desse objeto*; mas qual será a substância desse objeto? É aqui, com efeito, que o objeto nos escapa à imaginação: o que chamamos tão ousadamente de *a substância* nada mais é, com efeito, do que a reunião desses modos. Despojai esta árvore desta cor, desta configuração que vos dava a ideia de uma árvore, o que restará? Ora, o que chamei de *modos* outra coisa não é senão as minhas percepções. Posso muito bem dizer: *Tenho ideia da cor verde e de um corpo assim e assim configurado*; mas não tenho prova alguma de que esse corpo e essa cor existem: eis o que diz Sexto Empírico[6], e para isso ele não encontra resposta.

Concedamos a esses senhores, por um momento, ainda mais do que eles pedem: eles pretendem que não se pode provar-lhes que existem corpos; admitamos que eles próprios provem que não existem corpos. Que se seguirá daí? Nós nos conduziremos diferentemente em nossa vida? Teremos ideias diferentes sobre o que quer que seja? Será preciso apenas mudar uma palavra nesses discursos. Quando, por exemplo, se tiver travado uma batalha qualquer, cumprirá dizer que dez mil homens parecem ter sido mortos, que um certo oficial parece ter a perna quebrada e que um cirurgião parecerá amputá-la. Do mesmo modo, quando tivermos fome, pediremos a aparência de um pedaço de pão a fim de parecer que digerimos.

Mas eis o que se poderia responder-lhes mais seriamente:

1º Não podeis, a rigor, comparar a vida ao estado dos sonhos, porque, ao dormir, sonhais apenas com as coisas das quais tivestes a ideia no estado de vigília; tendes certeza de que os vossos sonhos não passam de uma débil reminiscência. Pelo contrário, durante a vigília, quando temos uma sensação, não podemos jamais concluir que ela seja uma reminiscência. Se, por exemplo, uma pedra ao cair nos quebra um ombro, parece-nos bastante difícil que isso se faça por um esforço de memória.

2º É muito verídico que os nossos sentidos se enganam com frequência; mas que se entende por isso? Temos apenas um sentido, por assim dizer: o do tato; a visão, a audição, o olfato nada mais são que o tato dos corpos intermediários que partem de um corpo afastado. Só tenho a ideia das estrelas pelo contato; e, como esse contato da luz que vem atingir os meus olhos depois de percorrer mil milhões de léguas não é palpável como o contato de minhas mãos,

---

[6] Em suas *Hypotyposes*, que foram traduzidas para o francês por Huart, em 1725. Claude Huart, matemático, falecido em 1728, em Genebra.

e como ele depende do meio que esses corpos atravessaram, esse contato é o que se chama impropriamente de *falacioso*; ele não me faz ver os objetos em seu verdadeiro lugar; não me dá nenhuma ideia de sua espessura; nenhum desses contatos, que não são palpáveis, me dá sequer a ideia positiva dos corpos. Na primeira vez em que sinto um cheiro sem ver o objeto de onde ele vem, meu espírito não encontra nenhuma relação entre um corpo e esse cheiro; mas o contato propriamente dito, o fato de meu corpo se aproximar de um outro, independentemente dos meus outros sentidos, me dá a ideia da matéria: porque, quando toco um rochedo, sinto efetivamente que não posso colocar-me em seu lugar e que, por conseguinte, há ali algo de extenso e de impenetrável. Assim, supondo-se (pois o que é que não se pode supor?) que um homem tivesse todos os sentidos, afora o do tato propriamente dito, esse homem poderia muito bem duvidar da existência dos objetos exteriores, e talvez até ficasse muito tempo sem ter uma ideia deles; mas aquele que ficasse surdo e cego, e conservasse o tato, não poderia duvidar da existência das coisas que lhe fizessem sentir a dureza, e isso porque não está na essência da matéria que um corpo seja colorido ou sonoro, porém que seja extenso e impenetrável. Mas que responderiam os céticos mais recalcitrantes a estas duas perguntas:

1º Se não existem objetos exteriores, e se minha imaginação faz tudo, por que eu me queimo ao tocar o fogo e não me queimo nem um pouco quando, num sonho, acredito tocar o fogo?

2º Quando escrevo minhas ideias neste papel, e quando outro homem vem ler para mim o que escrevo, como consigo entender as próprias palavras que escrevi e pensei, se esse outro homem não as lê efetivamente para mim? Como posso sequer reencontrá-las, se elas não estão ali? Enfim, por mais esforço que eu faça para duvidar, estou mais convencido da existência dos corpos do que o estou de várias verdades geométricas. Isso parecerá espantoso, mas nada posso fazer a tal respeito; por mais que eu careça de demonstrações geométricas para provar que tenho um pai e uma mãe, e tentei em vão demonstrá-lo, isto é, não consegui responder ao argumento que me prova que uma infinidade de linhas curvas pode passar entre um círculo e sua tangente, sinto efetivamente que, se um ser todo-poderoso me viesse dizer: dessas duas proposições, *Existem corpos* e *Uma infinidade de curvas passa entre o círculo e sua tangente*, há uma que é falsa, adivinhais qual?, eu diria que é a última. Pois, sabendo efetivamente que ignorei por muito tempo essa proposição, que precisei de uma atenção contínua para lhe entender a demonstração, que acreditei encontrar nisso dificuldades, que, enfim, as verdades geométricas não têm realidade senão no meu espírito, eu poderia suspeitar que meu espírito se enganou.

Seja como for, como meu principal objetivo aqui é examinar o homem sociável, e como não poderei ser sociável se não existir uma sociedade e, por consequência, objetos fora de nós, os pirrônicos me hão de permitir começar por acreditar firmemente que existem corpos, sem o que seria preciso que eu refutasse a existência desses senhores[7].

V

Se o homem tem alma, e o que isso pode ser

Estamos certos de que somos matéria, de que sentimos e pensamos; estamos persuadidos da existência de um Deus do qual somos obra, por razões contra as quais nosso espírito não se pode revoltar. Provamos a nós mesmos que esse Deus criou o que existe. Estamos convencidos de que nos é impossível e nos deve ser impossível saber como ele nos deu o ser; mas podemos saber o que pensa em nós? qual é essa faculdade que Deus nos deu? é a matéria que sente e pensa, é uma substância imaterial? numa palavra, que é uma alma? É aqui que se faz mister, mais que nunca, remeter-me ao estado de um ser pensante descido de um outro globo, não tendo nenhum dos preconceitos deste e possuindo a mesma capacidade que eu, não sendo em absoluto o que se denomina homem e julgando o homem de um modo desinteressado.

Se eu fosse um ser superior a quem o Criador tivesse revelado os seus segredos, diria desde já, ao ver o homem, o que é esse animal;

---

[7] Ver o artigo EXISTENCE, do cavaleiro de Jaucourt, na *Encyclopédie*; é até agora o único trabalho em que essa questão da existência dos corpos foi bem tratada, e nele ela foi completamente resolvida. (K.)

definiria sua alma e todas as suas faculdades com conhecimento de causa, com tanta ousadia quanto a de tantos filósofos que a definiram sem saber nada a seu respeito; mas, confessando minha ignorância e exercitando minha frágil razão, não posso fazer outra coisa senão servir-me da via da análise, que é a bengala que a natureza deu aos cegos: examino tudo parte por parte e vejo em seguida se posso julgar o total. Suponho-me, pois, chegado à África e cercado de negros, de hotentotes e outros animais. Observo de início que os órgãos da vida são os mesmos em todos eles; as operações de seus corpos partem todas dos mesmos princípios de vida; todos eles têm, aos meus olhos, os mesmos desejos, as mesmas paixões, as mesmas necessidades; todos eles os expressam, cada qual na sua língua. A primeira língua que eu entendo é a dos animais, e não poderia ser diferente; os sons pelos quais eles se exprimem não parecem arbitrários, são caracteres vivos das suas paixões; esses sinais trazem a marca do que eles exprimem: o latido de um cão que pede alimento, junto a todas as suas atitudes, tem uma relação sensível com o seu objeto; distingo-o imediatamente dos latidos e movimentos pelos quais o cão agrada um outro animal, daqueles com os quais ele caça e daqueles pelos quais se queixa; distingo ainda se o seu queixume exprime a ansiedade da solidão, ou a dor de uma ferida, ou as impaciências do amor. Assim, com um pouco de atenção, eu entendo a linguagem de todos os animais; eles não têm nenhum sentimento que não exprimam: talvez o mesmo não suceda com suas ideias; mas, como parece que a natureza não lhes deu mais que umas poucas ideias, parece-me também ser natural que eles tivessem uma linguagem limitada, proporcional às suas percepções.

Que foi que encontrei de diferente nos animais negros? Que posso ver neles senão algumas ideias e algumas combinações a mais em suas cabeças, expressas por uma linguagem diferentemente articulada? Quanto mais examino todos esses seres, mais devo suspeitar que são diferentes espécies de um mesmo gênero. Essa admirável faculdade de reter ideias lhes é comum a todos; todos eles, durante o sono, têm sonhos e imagens fracas das ideias que receberam durante a vigília; sua faculdade de sentir e pensar cresce com seus órgãos e diminui com eles, perece com eles. Que se derrame o sangue de um macaco e de um negro, logo haverá em ambos um grau de esgotamento que os impedirá de reconhecer-me; logo depois todos os seus sentidos exteriores deixam de agir e por fim eles morrem. Pergunto então o que lhes dava a vida, a sensação, o pensamento. Não era sua própria obra, não era a da matéria, como já o provei a mim mesmo: foi portanto Deus quem deu a todos esses corpos o poder de sentir e de ter ideias em diferentes graus, proporcionais aos seus órgãos: eis, seguramente, o que eu suspeitarei a princípio.

Vejo, enfim, homens que me parecem superiores a esses negros, assim como estes o são aos macacos e assim como os macacos o são às ostras e aos outros animais dessa espécie.

Alguns filósofos me dizem: Não vos enganeis, o homem é inteiramente distinto dos outros animais; ele tem uma alma espiritual e imortal: pois (observai bem isso), se o pensamento é um composto da matéria, ele deve ser necessariamente isso mesmo de que se compõe; deve ser divisível, capaz de movimento etc.; ora, o pensamento não se pode dividir, portanto não é um composto da matéria; não tem partes, é simples, é imortal, é a obra e a imagem de um Deus. Escuto esses mestres e lhes respondo, sempre desconfiado de mim mesmo, mas sem confiança neles: Se o homem tem uma alma tal qual o assegurais, devo crer que esse cão e essa toupeira têm uma alma parecida. Eles me juram todos que não. Pergunto-lhes que diferença existe entre esse cão e eles. Uns[8] me respondem: Esse cão é uma forma substancial; os outros[9] me dizem: Não creiais nisso; as formas substanciais são quimeras; mas esse cão é uma máquina como uma assadeira, e nada mais. Pergunto ainda aos inventores das formas substanciais o que entendem por essa palavra; e, como eles me respondem apenas com aranzel, volto-me para os inventores da assadeira e lhes digo: Se esses animais são meras máquinas, sois certamente, ao lado deles, o que um relógio de repetição é em comparação com a assadeira de que falais; ou, se tiverdes a honra de possuir uma alma espiritual, os animais também têm uma, pois são tudo o que sois, têm os mesmos órgãos com os quais tendes sensa-

---

[8] Os filósofos escolásticos.
[9] Os cartesianos.

ções; e, se esses órgãos não lhes servem para o mesmo fim, Deus, ao lhes dar esses órgãos, terá feito uma obra inútil; e Deus, segundo vós mesmos, não faz nada em vão. Escolhei, pois, ou atribuir uma alma espiritual a uma pulga, a um verme, a um ácaro, ou ser autômato como eles. Tudo o que esses senhores podem responder-me é que conjeturam que as molas dos animais, que parecem constituir os órgãos de seus sentimentos, são necessárias à sua vida, e não são neles senão as molas da vida; mas essa resposta não passa de uma suposição insensata.

É certo que para viver não se tem necessidade nem de nariz, nem de ouvidos, nem de olhos. Há animais que não têm esses sentidos e que vivem: portanto esses órgãos de sentimento só são dados para o sentimento; portanto os animais sentem como nós; portanto não pode ser senão por um excesso de vaidade ridícula que os homens se atribuem uma alma de uma espécie diferente da que anima os bichos. Está claro portanto, até aqui, que nem os filósofos nem eu sabemos o que é essa alma; apenas me está provado que há algo de comum entre o animal chamado *homem* e o que se chama de *bicho*. Vejamos se essa faculdade comum a todos esses animais é matéria ou não.

É impossível, dizem-me, que a matéria pense. Não vejo essa impossibilidade. Se o pensamento fosse um composto da matéria, como me dizem, eu confessaria que o pensamento deveria ser extenso e divisível; mas, se o pensamento é um atributo de Deus dado à matéria, não vejo por que esse atributo deva ser extenso e divisível; pois vejo que Deus comunicou outras propriedades à matéria, as quais não têm nem extensão nem divisibilidade; o movimento, a gravitação, por exemplo, que age sem corpos intermediários e que age na razão direta da massa, e não das superfícies, e na razão duplamente inversa das distâncias, é uma qualidade real demonstrada e cuja causa é tão oculta quanto a do pensamento.

Numa palavra, só posso julgar de acordo com o que vejo, e segundo o que me parece mais provável; vejo que em toda a natureza os mesmos efeitos supõem uma mesma causa. Assim, julgo que a mesma causa atua nos animais e nos homens na proporção dos seus órgãos; e creio que esse princípio comum aos homens e aos animais é um atributo dado por Deus à matéria. Pois, se o que se chama de *alma* fosse um ser à parte, fosse qual fosse a natureza desse ser, eu deveria acreditar que o pensamento é a sua essência, ou então não teria nenhuma ideia clara dessa substância. Assim, todos os que admitiram uma alma imaterial foram obrigados a dizer que essa alma sempre pensa; mas apelo para a consciência de todos os homens: eles pensam ininterruptamente? Pensam quando estão dormindo um sono pleno e profundo? Os animais têm ideias a todos os momentos? Alguém que desmaiou tem muitas ideias nesse estado, que é realmente uma morte passageira? Se a alma não pensa sempre, é portanto absurdo reconhecer no homem uma substância cuja essência é pensar. Que poderíamos concluir daí, senão que Deus organizou os corpos para pensar como para comer e para digerir? Ao me informar da história do gênero humano, aprendo que por longo tempo os homens tiveram sobre esse assunto a mesma opinião que eu. Leio um dos mais antigos livros que existem no mundo, conservado por um povo que se pretende o mais antigo: esse livro me diz que o próprio Deus parece pensar como eu; ensina-me que Deus concedeu outrora aos judeus as leis mais minuciosas que alguma nação jamais recebeu; digna-se prescrever-lhes até a maneira pela qual devem ir ao "casa de banho"[10] e não lhes diz uma palavra sobre sua alma; só lhes fala dos castigos e das recompensas temporais: isso prova, ao menos, que o autor desse livro não vivia numa nação que acreditasse na espiritualidade e na imortalidade da alma.

Dizem-me que, dois mil anos depois, Deus veio ensinar aos homens que a alma deles é imortal; mas eu, que sou de outra esfera, não posso deixar de me espantar ante esse disparate que se atribui a Deus. Parece estranho à minha razão que Deus tenha feito crer aos homens o pró e o contra; mas, se esse é um ponto de revelação no qual a minha razão não logra enxergar nada, calo-me e adoro em silêncio. Não cabe a mim examinar o que foi revelado; observo apenas que esses livros revelados não dizem de modo algum que a alma é espiritual: dizem-nos somente que ela é imortal. Não me é difícil

---

[10] Nota da edição: No original, "garde-robe". Nesse contexto, a expressão designa não um "guarda-roupa", mas uma "casa de banho". Na língua francesa do século XVIII, "garde-robe" era um eufemismo para "chaise percée", ou seja, latrina, com sentido do objeto que hoje denominamos "privada".

acreditá-lo; pois parece tão possível que Deus a tenha formado (seja qual for a sua natureza) para conservá-la quanto para destruí-la. Esse Deus, que pode, a seu bel-prazer, conservar ou aniquilar o movimento de um corpo, pode seguramente fazer durar para sempre a faculdade de pensar numa parte desse corpo; se ele nos diz, com efeito, que essa parte é imortal, é necessário persuadir-nos disso. Mas de que é feita essa alma? Eis o que o Ser supremo não julgou oportuno ensinar aos homens. Não tendo, pois, para me conduzir nessas investigações senão minhas próprias luzes, o desejo de conhecer algo e a sinceridade de meu coração, busco com sinceridade aquilo que minha razão me pode desvendar por si mesma; ponho à prova suas forças, não por acreditá-la capaz de carregar todos esses fardos imensos, mas para fortalecê-la por esse exercício e para saber até onde vai o seu poder. Assim, sempre pronto a ceder desde que a revelação me apresente suas barreiras, continuo as minhas reflexões e conjeturas unicamente como filósofo, até que minha razão se torne incapaz de avançar.

VI
Se o que se chama de alma é imortal

Não cabe aqui examinar se, com efeito, Deus revelou a imortalidade da alma. Suponho-me ainda um filósofo de um mundo outro que não este e que só julgue por minha razão. Essa razão ensinou-me que todas as ideias dos homens e dos animais lhes vêm pelos sentidos; e confesso que não posso deixar de rir quando me dizem que os homens continuarão a ter ideias quando já não tiverem os sentidos. Quando um homem perdeu o nariz, esse nariz perdido, tanto quanto a estrela polar, não é mais parte dele. Se perder todas as suas partes e deixar de ser um homem, não será um pouco estranho, então, dizer que lhe resta o resultado de tudo o que pereceu? Gostaria tanto de dizer que ele bebe e come depois de sua morte quanto de dizer que lhe restam ideias após a morte: uma coisa não é menos inconsequente que a outra, e decerto foram necessários muitos séculos para que se ousasse fazer uma suposição tão assombrosa. Bem sei, ainda uma vez, que, tendo Deus ligado a uma parte do cérebro a faculdade de ter ideias, ele pode conservar essa partezinha do cérebro com sua faculdade: pois conservar essa faculdade sem a parte, isso é tão impossível quando conservar o riso de um homem ou o canto de um pássaro após a morte do pássaro e do homem. Deus pode também ter dado aos homens e aos animais uma alma simples, imaterial, e conservá-la independentemente de seus corpos. Isso lhe é tão possível quanto criar um milhão de mundos além dos que já criou e dar aos homens dois narizes e quatro mãos, asas e garras; mas, para acreditar que ele tenha tornado todas essas coisas possíveis, parece-me que é necessário vê-las.

Não vendo pois, de modo algum, que o entendimento, a sensação do homem seja uma coisa imortal, quem me há de provar que o seja? O quê! Eu, que não sei absolutamente qual seja a natureza dessa coisa, afirmarei que ela é eterna? Eu, que sei que o homem não existia ontem, afirmarei que há nesse homem uma parte eterna por sua natureza! E, ao mesmo tempo que recusarei a imortalidade àquilo que anima esse cão, esse papagaio, esse tordo, haverei de concedê-la ao homem pela simples razão de que ele a deseja?

Seria bem doce, com efeito, sobreviver a si mesmo, conservar eternamente a parte mais excelente do seu ser na destruição da outra, viver para sempre com seus amigos etc.! Essa quimera (a considerá-la neste único sentido) seria consoladora em meio a misérias reais. Eis talvez por que se inventou outrora o sistema da metempsicose; mas será que esse sistema tem mais verossimilhança do que as *Mil e uma noites*? E não será ele um fruto da imaginação viva e absurda da maioria dos filósofos orientais? Suponho porém, a despeito de todas as probabilidades, que Deus conserva após a morte do homem aquilo que se chama sua *alma* e que abandone a alma do animal ao curso da destruição ordinária de todas as coisas: pergunto o que o homem ganhará com isso; pergunto o que o espírito de João terá em comum com João quando ele estiver morto.

O que constitui a pessoa de João, o que faz com que João seja ele mesmo, e o mesmo que ele era ontem aos seus próprios olhos, é que ele se relembre das ideias que tinha ontem, e que em seu entendimento ele una sua existência de ontem à de hoje; pois, se tivesse perdido inteiramente a memória, sua existência passada lhe haveria de ser tão estranha quanto a de um outro homem; ele tanto poderia ser o João de ontem, a mesma pessoa, quanto ser Sócrates ou César. Ora, suponho que João, em sua última doença, perdeu absolutamente a memória e morre, por conseguinte, sem ser aquele mesmo João que viveu: Deus devolverá à sua alma essa memória que ele perdeu? criará de novo essas ideias que já não existem? nesse caso, não será um homem totalmente novo, tão diferente do primeiro quanto um indiano o é de um europeu?

Mas pode-se dizer também que, tendo João perdido inteiramente a memória antes de morrer, sua alma poderá recuperá-la da mesma forma que a recuperamos após o desmaio ou após um delírio: porque um homem que tenha perdido inteiramente a memória numa doença grave não deixa de ser o mesmo homem depois de recuperar a memória; portanto a alma de João, se ele tem uma, e se ela for imortal pela vontade do Criador, como se supõe, poderá recuperar a memória depois de sua morte, exatamente como a recupera após o desmaio durante a vida; portanto João será o mesmo homem.

Essas dificuldades, vale bem a pena propô-las; e quem encontrar uma maneira segura de resolver a equação dessa incógnita será, quero crer, um homem sagaz.

Mais não avanço nessas trevas; detenho-me ali onde a luz da minha tocha me falta: é bastante para mim que veja até onde posso ir.

Não garanto que tenha demonstrações contra a espiritualidade e a imortalidade da alma; mas todas as probabilidades são contra elas, e é igualmente injusto e insensato querer uma demonstração numa investigação apenas suscetível de conjeturas.

Só que é preciso prevenir o espírito dos que acreditarem que a mortalidade da alma é contrária ao bem da sociedade e fazê-los lembrar-se de que os antigos judeus, cujas leis eles admiram, consideravam a alma material e mortal, sem contar as grandes seitas de filósofos que valorizavam os judeus e eram formadas por pessoas decentes.

VII
Se o homem é livre

Talvez não haja questão mais simples do que a da liberdade; mas não existe outra que os homens tenham complicado mais. As dificuldades espinhosas que os filósofos criaram em torno dessa questão, e a temeridade que sempre se teve de querer arrancar de Deus o seu segredo e conciliar sua presciência com o livre-arbítrio, são causa de que a ideia da liberdade se tenha obscurecido à força de se pretender esclarecê-la. Acostumamo-nos tão bem a não mais pronunciar a palavra *liberdade*, sem nos lembrarmos de todas as dificuldades que caminham à sua frente, que hoje quase já não ouvimos quando alguém pergunta se o homem é livre.

Já não é o caso de simular um ser dotado de razão, que não é homem e que examina com indiferença o que é o homem; nesse caso, ao contrário, é preciso que cada homem entre em si mesmo e se torne testemunho de seu próprio sentimento.

Despojemos, em primeiro lugar, a questão de todas as quimeras com que se costuma embaraçá-la e definamos o que entendemos por essa palavra, *liberdade*. A liberdade é unicamente o poder de agir. Se uma pedra se movesse por sua escolha, ela seria livre; os animais e os homens têm esse poder; portanto são livres. Posso, a despeito de tudo, contestar essa faculdade nos animais; posso imaginar, se quiser abusar de minha razão, que os animais que se assemelham a mim em tudo o mais diferem de mim nesse único ponto. Posso concebê-los como máquinas que não têm nem sensações, nem desejos, nem vontade, conquanto tenham deles todas as aparências. Eu forjarei sistemas, isto é, erros, para explicar a natureza deles; mas, enfim, quando se tratar de me interrogar a mim mesmo, será preciso confessar que tenho uma vontade e que tenho em mim o poder de agir, de mover o meu corpo, de aplicar meu pensamento nessa ou naquela consideração etc.

Se alguém vier dizer-me: Acreditais ter essa vontade, mas não a tendes: tendes um sentimento que vos engana, como acreditais ver o Sol com dois pés de largura, embora ele seja em espessura, com relação à Terra, aproximadamente como um milhão para a unidade; responderei a esse alguém: O caso é diferente. Deus não me enganou ao me fazer ver o que está longe de mim com uma espessura proporcional à sua distância: tais são as leis matemáticas da óptica que não posso e não devo perceber os objetos senão na razão direta de sua espessura e de sua distância; e tal é a natureza de meus órgãos que, se minha vista pudesse perceber a grandeza real de uma estrela, eu não poderia ver nenhum objeto sobre a Terra. O mesmo vale para o sentido da audição e para o do olfato. Só tenho sensações mais ou menos fortes, as coisas mantidas iguais, na medida em que os corpos sonoros e odoríferos estão mais ou menos longe de mim. Não há aí nenhum erro; mas, se eu não tivesse vontade alguma acreditando ter uma, Deus me teria criado expressamente para me enganar, da mesma forma que se ele me fizesse crer que existem corpos fora de mim embora não os houvesse; e desse embuste não resultaria senão um absurdo na maneira de agir de um Ser supremo infinitamente sábio.

E não se diga que é indigno de um filósofo recorrer aqui a Deus. Porque, primeiramente, sendo esse Deus provado, está demonstrado que é ele a causa de minha liberdade caso eu seja livre e que é ele o autor absurdo de meu erro se, tendo-me feito um ser puramente paciente, sem vontade, ele me faz crer que sou agente e que sou livre.

Em segundo lugar, se não existisse Deus, quem me teria lançado no erro? quem me teria dado esse sentimento de liberdade, pondo-me na escravidão? seria uma matéria que não pode ela própria ter inteligência? Não posso ser instruído nem enganado pela matéria, nem receber dela a faculdade de querer: não posso ter recebido de Deus o sentimento de minha vontade sem que tenha uma: portanto tenho realmente uma vontade; portanto sou agente.

Querer e agir é precisamente a mesma coisa que ser livre. O próprio Deus só pode ser livre nesse sentido. Ele quis e agiu segundo a sua vontade. Se se supusesse sua vontade determinada necessariamente; se se dissesse: Foi necessidade querer o que ele fez, incorrer-se-ia num absurdo tão grande quanto se se dissesse: Existe um Deus e não existe nenhum Deus; pois, se Deus fosse necessidade, deixaria de ser agente; seria paciente, e já não seria Deus.

Nunca se devem perder de vista essas verdades fundamentais encadeadas umas às outras. Há algo que existe, portanto algum ser existe desde sempre, portanto esse ser existe por si mesmo por uma necessidade absoluta, portanto é infinito, portanto todos os outros seres vêm dele sem que se saiba como, portanto ele pôde comunicar-lhes a liberdade assim como lhes comunicou o movimento e a vida, portanto ele nos deu essa liberdade que sentimos em nós assim como nos deu a vida que sentimos em nós.

A liberdade em Deus é o poder de pensar sempre tudo o que ele quer e operar sempre tudo o que ele quer.

A liberdade dada por Deus ao homem é o poder frágil, limitado e passageiro de aplicar-se a alguns pensamentos e operar certos movimentos. A liberdade das crianças que ainda não refletem, e das espécies animais que não refletem nunca, consiste tão-só em querer e em operar movimentos. Sobre qual fundamento se pôde imaginar que não existe liberdade alguma? Eis as causas desse erro: observou-se a princípio que temos com frequência paixões violentas que nos arrastam contra a nossa vontade. Um homem gostaria de não amar uma amante infiel, e seus desejos, mais fortes que sua razão, o reconduzem para ela; outro se entrega a ações violentas em movimentos de cólera que não consegue dominar; outro deseja levar uma vida tranquila, e a ambição o arremessa no tumulto dos negócios.

Tantas cadeias visíveis, com as quais nos acabrunhamos durante quase toda a vida, fizeram crer que estamos ligados do mesmo modo em tudo o mais; e diz-se: "O homem ora é arrebatado com uma rapidez e com abalos violentos dos quais ele sente a agitação; ora é levado por um movimento tranquilo do qual ele já não é senhor: é um escravo que não sente sempre o peso e a ignomínia de seu cativeiro, mas é sempre escravo.

Esse raciocínio, que nada mais é do que a lógica da fraqueza humana, é muito semelhante a este: Os homens adoecem algumas vezes, portanto nunca têm saúde.

Ora, quem não vê a impertinência dessa conclusão? quem não vê, ao contrário, que sentir a doença é uma prova indubitável de que se teve saúde, e que sentir a escravidão e a impotência prova irretorquivelmente que se teve potência e liberdade?

Quando tendes essa paixão furiosa, vossa vontade deixa de ser obedecida pelos vossos sentidos: então já não sois mais livres do que quando uma paralisia vos impede de mover esse braço que quereis mexer. Se um homem fosse em toda a sua vida dominado por paixões violentas, ou por imagens que lhe ocupassem o cérebro ininterruptamente, faltar-lhe-ia essa parte da humanidade que consiste em algumas vezes poder pensar o que se quiser; e é nesse caso que estão muitos loucos que são internados, e mesmo muitos outros que não são internados.

É efetivamente certo que existem homens mais livres uns do que os outros, pela mesma razão de que não somos igualmente esclarecidos, igualmente robustos etc. A liberdade é a saúde da alma; poucas pessoas têm essa saúde inteira e inalterável. Nossa liberdade é frágil e limitada, como todas as nossas faculdades. Nós a fortalecemos ao nos acostumarmos a fazer reflexões, e esse exercício da alma torna-a um pouco mais vigorosa. Mas, por mais esforços que façamos, jamais conseguiremos tornar nossa razão soberana de todos os nossos desejos; sempre haverá, em nossa alma como em nosso corpo, movimentos involuntários. Não somos nem livres, nem sábios, nem fortes, nem sãos, nem espirituais senão num grau ínfimo. Se fôssemos sempre livres, seríamos o que Deus é. Contentemo-nos com uma partilha conveniente na posição que ocupamos na natureza. Mas não imaginemos que nos faltam as próprias coisas cujo gozo sentimos; e, só porque não temos os atributos de um Deus, não renunciemos às faculdades de um homem.

No meio de um baile ou de uma conversação animada, ou nas dores de uma doença que me embota a cabeça, por mais que eu queira saber quanto dá a trigésima quinta parte de noventa e cinco terços e meio multiplicados por vinte e cinco décimos nonos e três quartos, não terei a liberdade de fazer uma combinação semelhante. Mas um pouco de recolhimento me devolverá esse poder, que eu perdera no tumulto. Os inimigos mais encarniçados da liberdade são portanto forçados a confessar que temos uma vontade que às vezes é obedecida pelos nossos sentidos. "Mas essa vontade", dizem eles, "é necessariamente determinada como uma balança sempre dominada pelo peso maior; o homem só quer aquilo que julga o melhor; seu entendimento não é senhor de não julgar bom o que lhe parece bom. O entendimento age necessariamente; a vontade é determinada por uma vontade absoluta: portanto o homem não é livre."

Esse argumento, que é deveras fascinante mas que, no fundo, não passa de um sofisma, seduziu muita gente porque quase sempre os homens se limitam a entrever o que examinam.

Eis aqui no que consiste o erro desse raciocínio. O homem certamente só pode querer as coisas cuja ideia lhe está presente. Ele não poderia ter vontade de ir à Ópera se não tivesse a ideia da Ópera; e não desejaria de modo algum ir lá, e não se determinaria de modo algum a ir lá, se o seu entendimento não lhe representasse esse espetáculo como uma coisa agradável. Ora, é nisso mesmo que consiste a sua liberdade: é no poder de se determinar a si mesmo a fazer o que lhe parece bom; querer o que não lhe daria prazer é uma contradição formal e uma impossibilidade. O homem se determina àquilo que lhe parece o melhor, e isso é incontestável; mas a questão é saber se ele tem em si essa força inconstante, esse poder primitivo de se determinar ou não. Os que dizem: "O assentimento do espírito é necessário e determina necessariamente a vontade" supõem que o espírito atua fisicamente sobre a vontade. Dizem um absurdo visível, pois supõem que um pensamento é um pequeno ser real que atua realmente sobre um outro ser chamado vontade; e não refletem que essas palavras, *vontade*, *entendimento* etc., não passam de ideias abstratas, inventadas para introduzir clareza e ordem nos nossos discursos e que nada mais significam senão o homem *que pensa* e o homem *que quer*. O *entendimento* e a *vontade*, portanto, não existem realmente como seres distintos, e é impertinente dizer que um atua sobre o outro.

Se eles não supõem que o espírito atua fisicamente sobre a vontade, é preciso que digam ou que o homem é livre ou que Deus age pelo homem, determina o homem e está eternamente ocupado em enganar o homem; e nesse caso eles confessam pelo menos que Deus é livre. Se Deus é livre, a liberdade é portanto possível, e por conseguinte o homem pode tê-la. Não têm, pois, nenhuma razão para dizer que o homem não é livre.

Quando dizem "o homem é determinado pelo prazer", estão confessando, sem se dar conta disso, a liberdade; porquanto fazer o que dá prazer é ser livre.

Deus, ainda uma vez, só pode ser livre dessa maneira. Ele só pode operar segundo o seu prazer. Todos os sofismas contra a liberdade do homem atentam igualmente contra a liberdade de Deus.

O último refúgio dos inimigos da liberdade é este argumento: "Deus sabe certamente que uma coisa acontecerá: não está, pois, no poder do homem deixar de fazê-la."

Primeiramente, observai que esse argumento atentaria ainda contra essa liberdade que se é obrigado a reconhecer em Deus. Pode-se dizer: Deus sabe o que acontecerá; não está em seu poder deixar de fazer o que acontecerá. Que é que prova, pois, esse raciocínio tão repisado? Nenhuma outra coisa senão que não sabemos e não podemos saber o que é a presciência de Deus e que todos os seus atributos são para nós abismos insondáveis.

Sabemos demonstrativamente que, se Deus existe, Deus é livre; sabemos ao mesmo tempo que ele sabe tudo; mas essa presciência e essa onisciência são tão incompreensíveis para nós quanto sua imensidade, sua duração infinita no passado, sua duração infinita no futuro, a criação, a conservação do universo e tantas outras coisas que não podemos nem negar nem conhecer.

Essa disputa acerca da presciência de Deus só provocou tantas querelas porque se é ignorante e presunçoso. Que custava dizer: "Não sei o que são os atributos de Deus, e não sou feito para abarcar a sua essência"? Mas é isso o que um bacharel ou um licenciado evitará confessar: é isso o que os tornou os mais absurdos dos homens e faz de uma ciência sagrada um miserável charlatanismo[11].

VIII
Do homem considerado como ser social[12]

O grande desígnio do Autor da natureza parece ser o de conservar cada indivíduo durante certo tempo e lhe perpetuar a espécie. Todo animal é sempre arrastado, por um instinto invencível, a tudo o que pode tender para a sua conservação; e há momentos em que se é levado por um instinto quase tão forte ao acasalamento e à propagação, sem que possamos jamais dizer como tudo isso se faz.

---

[11] Ver-se-á nos trabalhos seguintes que o sr. de Voltaire nem sempre teve a mesma opinião sobre a liberdade metafísica do homem: seus sentimentos a esse respeito mudaram numa idade mais avançada, e ele colocou na discussão desses assuntos abstratos uma força e uma clareza que bem raramente se encontram em outros escritores. (K.). – *O ignorante que pensa assim nem sempre pensou da mesma forma*, dizia Voltaire em 1766; ver, na página 106 desta edição, o fim do parágrafo XIII do *Philosophe ignorant*.

[12] Ver o artigo HOMME do *Dictionnaire philosophique*, III, *in* Voltaire, *Oeuvres complètes, op. cit.*, tomo XIX, p. 373.

Os animais mais selvagens e mais solitários saem de seus covis quando o amor os chama e durante alguns meses se sentem ligados por cadeias invisíveis às fêmeas e aos filhotes que delas nascem; após o quê, eles esquecem essa família passageira e retornam à ferocidade da sua solidão, até que o aguilhão do amor os force novamente a sair dali. Outras espécies são formadas pela natureza para viver sempre juntas, umas numa sociedade realmente organizada, como as abelhas, as formigas, os castores e algumas espécies de pássaros; outras são reunidas apenas por um instinto mais cego, que as une sem objetivo e sem desígnio aparente, como os rebanhos na terra e os arenques no mar.

O homem não é certamente impelido por seu instinto a formar uma sociedade organizada tal como as formigas e as abelhas, mas, se consideramos suas necessidades, suas paixões e sua razão, vemos que ele não poderia ficar muito tempo num estado inteiramente selvagem.

Bastou, para que o universo seja o que é hoje, que um homem se apaixonasse por uma mulher. O desvelo mútuo que eles terão um pelo outro e seu amor natural pelos filhos logo terão despertado o seu engenho e dado origem ao começo tosco das artes. Duas famílias terão tido necessidades uma da outra logo que tiverem sido formadas, e dessas necessidades advirão novas comodidades.

O homem não é como os outros animais, que só têm o instinto do amor-próprio e o do acasalamento; não somente ele tem esse amor-próprio necessário para a sua conservação como tem também, para a sua espécie, uma benevolência natural que não se observa nos animais.

Se uma cadela vir um cão da mesma mãe dilacerado em mil pedaços e todo ensanguentado, ela pegará um pedaço sem conceber a menor piedade e seguirá o seu caminho; e no entanto essa mesma cadela defenderá o seu filhote e preferirá morrer combatendo a deixar que lho retirem.

Pelo contrário, se o homem mais selvagem vir uma linda criança prestes a ser devorada por algum animal, sentirá, mesmo a seu pesar, uma inquietação, uma ansiedade que a piedade desperta e um desejo de socorrê-la. É verdade que muitas vezes esse sentimento de piedade e benevolência é abafado pelo furor do amor-próprio: assim a natureza sábia não devia nos dar mais amor pelos outros do que por nós mesmos; já é muito que tenhamos essa benevolência que nos dispõe para a união com os homens.

Mas essa benevolência seria ainda um recurso muito fraco para nos fazer viver em sociedade; ela jamais teria podido servir para fundar grandes impérios e cidades florescentes, se não tivéssemos grandes paixões.

Essas paixões, cujo abuso faz na verdade tanto mal, são com efeito a principal causa da ordem que vemos hoje sobre a Terra. O orgulho, sobretudo, é o principal instrumento com o qual se construiu esse belo edifício da sociedade. Tão logo as necessidades reuniram alguns homens, os mais sagazes dentre eles se aperceberam de que todos esses homens tinham nascido com um orgulho indomável, assim como com um pendor invencível para o bem-estar.

Não foi difícil persuadi-los de que, se fizessem para o bem comum da sociedade algo que lhes custasse um pouco do seu bem-estar, seu orgulho seria plenamente ressarcido.

Bem depressa, portanto, se passou a distinguir os homens em duas classes: a primeira, dos homens divinos que sacrificam seu amor-próprio ao bem público; a segunda, dos miseráveis que só amam a si mesmos: todo mundo quis e quer ser ainda da primeira classe, conquanto todo mundo seja, no fundo do coração, da segunda; e os homens mais covardes e mais entregues aos seus próprios desejos gritaram mais alto do que os outros que era preciso tudo imolar ao bem público. A vontade de mandar, que é uma das ramificações do orgulho e se observa tão visivelmente num pedante de colégio e num bailio de aldeia quanto num papa e num imperador, excitou ainda mais fortemente o empenho humano para levar os homens a obedecer a outros homens: foi preciso fazê-los conhecer claramente que se sabia mais que eles e que isso lhes seria útil.

Foi necessário sobretudo usar de sua avareza para comprar-lhes a obediência. Não se podia dar-lhes muito sem ter muito, e essa intensa vontade de adquirir os bens da terra acrescentava todos os dias novos progressos a todas as artes.

Essa máquina não teria ido longe sem a ajuda da inveja, paixão muito natural que os homens sempre disfarçam sob o nome de emulação. Essa inveja despertou-os da preguiça e aguçou o gênio de quem quer que visse o seu vizinho poderoso e feliz. Assim, pouco a pouco as paixões reuniram os homens e tiraram do seio da terra todas as artes e todos os prazeres. Foi com essa mola que Deus, chamado por Platão de eterno geômetra e que eu chamo aqui de eterno maquinista, animou e embelezou a natureza; as paixões são as engrenagens que fazem operar todas essas máquinas.

Os raciocinadores atuais[13], que querem estabelecer a quimera segundo a qual os homens teriam nascido sem paixões, e que só vieram a tê-las por haver desobedecido a Deus, deviam dizer também que no princípio o homem era uma bela estátua formada por Deus e que depois essa estátua foi animada pelo diabo.

O amor-próprio e todas as suas ramificações são tão necessários ao homem quanto o sangue que lhe corre nas veias, e aqueles que querem tirar-lhes as paixões porque são perigosas semelham aquele que quisesse tirar de um homem todo o seu sangue porque ele pode ter uma apoplexia.

Que diríamos daquele que pretendesse que os ventos são uma invenção do diabo, porque submergem alguns navios, e quem não pensaria que ele é um benefício divino por meio do qual o comércio une todos os lugares da Terra que mares imensos separam? É, pois, muito claro que é às nossas paixões e às nossas necessidades que devemos essa ordem e essas invenções úteis com as quais enriquecemos o universo; e é muito provável que Deus só nos deu essas necessidades, essas paixões, a fim de que o nosso engenho as convertesse em nossa vantagem. Porque, se muitos homens abusaram delas, não nos cabe queixar-nos de um benefício do qual se fez mau uso. Deus dignou-se colocar sobre a terra mil alimentos deliciosos para o homem: a gula dos que transformaram esse alimento em veneno mortal para eles próprios não pode servir de censura contra a Providência.

IX
Da virtude e do vício

Para que uma sociedade subsistisse foram necessárias leis, assim como são necessárias regras para cada jogo. A maior parte dessas

---

[13] Os jansenistas.

TRATADO DE METAFÍSICA

leis parecem arbitrárias: elas dependem dos interesses, das paixões e das opiniões dos que as inventaram e da natureza do clima onde os homens se reuniram em sociedade. Num país quente, onde o vinho tornaria a pessoa furiosa, julgou-se apropriado considerar um crime bebê-lo; noutros climas, mais frios, há honra no embriagar-se. Aqui um homem deve contentar-se com uma mulher; ali lhe é permitido ter tantas quantas possa sustentar. Num outro país, os pais e as mães suplicam aos estrangeiros que façam a gentileza de dormir com suas filhas; em qualquer outro lugar uma filha que se entregou a um homem está desonrada. Em Esparta incentivava-se o adultério; em Atenas ele era punido com a morte. Entre os romanos, os pais tinham direito de vida e morte sobre os filhos. Na Normandia, um pai não pode tirar um único óbolo aos bens do mais desobediente dos seus filhos. A palavra rei é sagrada em muitas nações e abominada em outras.

Mas todos os povos, que se conduzem tão diferentemente, se reúnem nesse ponto, o de chamar *virtuoso* o que é conforme às leis que eles estabeleceram e *criminoso* o que é contrário a elas. Assim, um homem que se opuser na Holanda ao poder arbitrário será um homem muito virtuoso, e quem quiser estabelecer na França um governo republicano será condenado ao derradeiro suplício. O mesmo judeu que em Metz[14] seria enviado às galés se tivesse duas mulheres terá quatro em Constantinopla e com isso será mais estimado pelos muçulmanos.

A maioria das leis se contradiz tão visivelmente que importa bastante pouco a natureza das leis pelas quais um Estado se governa; mas o que muito importa é que as leis, uma vez estabelecidas, sejam executadas. Assim, é irrelevante que haja tais ou tais regras para os jogos de dados e de cartas; mas não se poderá jogar um só momento se não se seguir com rigor essas regras arbitrárias com as quais se tiver concordado[15].

---

[14] A única cidade do reino onde os judeus tinham uma sinagoga e eram tolerados abertamente.

[15] Acreditamos, ao contrário, que não deve haver nada de arbitrário nas leis. 1º A razão basta para nos fazer conhecer os direitos dos homens, direitos que derivam todos dessa máxima simples que diz que entre dois seres sensíveis, iguais por natureza, é contra a

61

A virtude e o vício, o bem e o mal moral são pois, em todos os países, aquilo que é útil ou prejudicial à sociedade; e em todos os lugares e em todos os tempos aquele que sacrifica mais ao bem público é aquele a quem se chamará mais virtuoso. Parece, portanto, que as boas ações nada mais são que as ações das quais tiramos vantagem, e os crimes, as ações que nos são contrárias. A virtude é o hábito de fazer coisas que agradam aos homens, e o vício, o hábito de fazer coisas que lhes desagradam.

Embora o que se chama de virtude em um clima seja precisamente o que se chama de vício em outro, e ainda que a maioria das regras do bem e do mal difiram como as línguas e as roupas, parece-me certo, entretanto, que existem leis naturais nas quais os homens são obrigados a convir em todo o universo, sejam quais forem as que tiverem. Deus não disse na verdade aos homens: Aqui estão as leis que vos dou de minha boca, pelas quais quero que vos governeis; mas fez no homem o mesmo que fez em muitos outros animais: deu às abelhas um instinto poderoso em virtude do qual elas trabalham e se alimentam juntas, e deu ao homem certos sentimentos dos quais ele nunca poderá desfazer-se e que são os vínculos eternos e as primeiras leis da sociedade na qual ele previu que os homens iriam viver. A benevolência pela nossa espécie, por exemplo, nasceu conosco e sempre age em nós, a não ser que seja combatida pelo

---

ordem que um faça sua felicidade à custa do outro. 2º A razão mostra igualmente que em geral é útil para o bem das sociedades que os direitos de cada um sejam respeitados e que é assegurando esses direitos de maneira inviolável que se pode chegar, seja a proporcionar à espécie humana toda a felicidade de que ela é capaz, seja a dividi-la entre os indivíduos com a maior igualdade possível. Examinem-se em seguida as diferentes leis e se verá que umas tendem a manter esses direitos, enquanto outras os ferem; que umas são conformes ao interesse geral, enquanto as outras lhe são contrárias. São pois justas ou injustas por si mesmas. Não basta, portanto, que a sociedade seja regida por leis, é preciso que essas leis sejam justas. Não basta que os indivíduos se conformem às leis estabelecidas, é preciso que essas mesmas leis se conformem àquilo que a manutenção do direito de cada um exige.

Dizer que é arbitrário fazer essa lei, ou uma lei contrária, ou não fazê-la de modo algum, é simplesmente confessar que se ignora se essa lei é conforme ou contrária à justiça. Um médico pode dizer: É indiferente dar a esse doente um emético ou ipecacuanha; mas isso significa: É preciso dar-lhe um vomitório, e ignoro qual dos dois remédios convém melhor ao seu estado. Na legislação, como na medicina, como nas obras das artes plásticas, só existe arbitrariedade porque ignoramos as consequências de dois meios que a princípio nos parecem indiferentes. A arbitrariedade nasce da nossa ignorância, e não da natureza das coisas. (K.)

amor-próprio, que sempre deve levar a melhor sobre ela. Assim, um homem sempre é levado a ajudar outro homem quando isso não lhe custa nada. O selvagem mais bárbaro, ao voltar da carnificina e enojado do sangue dos inimigos que ele comeu, se enternecerá à vista dos sofrimentos de seu companheiro e lhe prestará toda a ajuda que dele depender.

O adultério e o amor dos efebos serão permitidos em muitas nações, mas não encontrareis nenhuma onde seja permitido faltar à palavra, porque a sociedade pode perfeitamente subsistir entre adúlteros e efebos que se amam, mas não entre pessoas que se vangloriassem de enganar umas às outras.

O furto era admirado em Esparta, porque todos os bens eram comuns; mas desde que tenhais estabelecido o *teu* e o *meu* vos será impossível não encarar o roubo como contrário à sociedade e, por conseguinte, como injusto.

É tão verdadeiro que o bem da sociedade é a única medida do bem e do mal moral que somos forçados a mudar, segundo a necessidade, todas as ideias que concebemos do justo e do injusto.

Temos horror de um pai que dorme com a filha, e estigmatizamos também com a palavra *incestuoso* o irmão que abusa da irmã; mas numa colônia nascente, onde não restar senão um pai com um filho e duas filhas, olharemos como excelente ação o cuidado que essa família tomar para não deixar perecer a espécie.

Um irmão que mata o irmão é um monstro; mas um irmão que para salvar a sua pátria não tivesse outros meios senão sacrificar o seu irmão seria um homem divino.

Todos amamos a verdade e dela fazemos uma virtude, porque é de nosso interesse não sermos enganados. Atribuímos tanto mais infâmia à mentira quanto, de todas as más ações, é ela a mais fácil de ocultar e a que custa menos cometer; mas em quantas ocasiões a mentira não se torna uma virtude heróica! Quando se trata, por exemplo, de salvar um amigo, aquele que nesse caso dissesse a verdade seria coberto de opróbrio: e quase não fazemos diferença entre um homem que caluniasse um inocente e um irmão que, podendo conservar a vida de seu irmão por uma mentira, preferisse abandoná-lo dizendo a verdade. A memória do sr. De Thou, que teve o pescoço cortado por não haver revelado a conspiração de Cinq-Mars, é abençoada pelos franceses; se não tivesse mentido, a bênção se converteria em horror[16].

Mas, dir-me-ão, será então somente em relação a nós que haverá crime e virtude, bem e mal moral: não haverá então nenhum bem em si e independente do homem? Perguntarei aos que fazem essa pergunta se existe frio e calor, doce e amargo, cheiro bom e cheiro ruim que não seja em relação a nós. Não é verdade que um homem que pretendesse que o calor existe por si só seria um raciocinador bem ridículo? Por que, pois, aquele que pretende que o bem moral existe independentemente de nós raciocinaria melhor? Nosso bem e nosso mal físico só têm existência em relação a nós: por que o nosso bem e o nosso mal moral estariam noutro caso?

Os desígnios do Criador, que queria que o homem vivesse em sociedade, não estão suficientemente cumpridos? Se houvesse alguma lei caída do céu que com toda a clareza tivesse ensinado aos seres humanos a vontade de Deus, então o bem moral não seria outra coisa senão a conformidade a essa lei. Quando Deus disser aos homens: "Quero que haja tantos e tantos reinos sobre a terra, e não uma república. Quero que os caçulas tenham todos os bens dos pais e que se puna com a morte quem quer que coma perus ou porco", então essas leis se tornarão certamente a regra imutável do bem e do mal. Mas, como Deus não se dignou, que eu saiba, imiscuir-se assim na nossa conduta, é preciso que nos atenhamos às dádivas que ele nos fez. Essas dádivas são a razão, o amor-próprio, a benevolência para com a nossa espécie, as necessidades, as paixões, todos meios pelos quais estabelecemos a sociedade.

Nesse ponto, muitas pessoas estão prontas para me dizer: Se encontro meu bem-estar em conturbar vossa sociedade, em matar, em roubar, em caluniar, não serei então detido por nada e poderei entregar-me sem escrúpulo a todas as minhas paixões? Não tenho outra coisa a dizer a essas pessoas senão que provavelmente elas serão enforcadas, assim como eu mandarei matar os lobos que quiserem roubar os meus carneiros; é precisamente para elas que as leis são

---

[16] Ver *Essai sur les moeurs*, cap. CLXXVI.

feitas, da mesma maneira que as telhas foram inventadas contra a geada e contra a chuva.

Com relação aos príncipes que detêm a força e dela abusam para desolar o mundo, que enviam para a morte uma parte dos homens e reduzem a outra à miséria, a culpa é dos homens se eles sofrem essas devastações abomináveis, que muitas vezes chegam a honrar com o nome de virtude: não devem queixar-se senão de si mesmos, das más leis que eles fizeram ou da pouca coragem que os impede de fazer executar boas leis.

Todos esses príncipes que fizeram tanto mal aos homens são os primeiros a gritar que Deus estipulou regras sobre o bem e o mal. Não há nenhum desses flagelos da terra que não faça atos solenes de religião; e não vejo muita vantagem em ter semelhantes regras. É uma infelicidade inerente à humanidade que, apesar de toda a vontade que temos de nos conservar, nos destruamos mutuamente com furor e com loucura. Quase todos os animais se entredevoram, e na espécie humana os machos se exterminam pela guerra. Parece ainda que Deus previu essa calamidade ao fazer nascer entre nós mais machos do que fêmeas: com efeito, os povos que parecem ter pensado mais de perto nos interesses da humanidade e que mantêm registros exatos dos nascimentos e das mortes se aperceberam de que, em média, nascem todos os anos um duodécimo de machos a mais do que fêmeas.

De tudo isso será fácil ver que é muito provável que todos esses homicídios e banditismos sejam funestos à sociedade, sem interessar em nada à Divindade. Deus pôs os homens e os animais sobre a terra: cabe a eles se conduzirem o melhor possível. Ai das moscas que caem nas malhas da aranha, ai do touro que for atacado por um leão e das ovelhas que forem encontradas pelos lobos! Mas, se uma ovelha fosse dizer a um lobo: Faltas ao bem moral, Deus te punirá, o lobo lhe responderia: Faço o meu bem físico, e parece que a Deus não preocupa muito se eu te como ou não. O melhor que a ovelha tinha a fazer era não se afastar do pastor e do cão que podiam defendê-la.

Prouvera ao céu que, com efeito, um Ser supremo nos houvesse dado leis e nos tivesse proposto castigos e recompensas! Que nos tivesse dito: Isso é vício, isso é virtude em si. Mas estamos tão longe de ter regras do bem e do mal que, de todos os que ousaram dar leis aos homens da parte de Deus, não há um que não tenha dado a décima milésima parte das regras de que temos necessidade para a conduta na vida.

Se de tudo isso alguém inferir que só lhe resta abandonar-se sem reserva a todos os furores de seus desejos desenfreados e que, não havendo em si nem virtude nem vício, ele pode fazer de tudo impunentemente, é preciso, em primeiro lugar, que esse homem se certifique de ter ao seu serviço um exército de cem mil soldados bem-treinados, e mesmo assim ele se arriscaria muito ao se declarar inimigo do gênero humano. Mas, se esse homem não passa de um simples particular, por pouco que tenha razão ele verá que escolheu um péssimo partido e que será punido infalivelmente, seja pelos castigos tão sabiamente inventados pelos homens contra os inimigos da sociedade, seja pelo simples medo do castigo, o qual é por si só um suplício suficientemente cruel. Ele verá que a vida dos que infringem as leis é geralmente a mais miserável das vidas. É moralmente impossível que um homem malvado não seja reconhecido; e, tão logo ele seja apenas suspeitado, deverá perceber que é objeto de desprezo e horror. Ora, Deus nos dotou sabiamente de um orgulho que não pode jamais suportar que os outros homens nos odeiem e nos desprezem; ser desprezado por aqueles com quem se vive é uma coisa que ninguém jamais pôde ou poderá suportar. Esse é talvez o maior freio que a natureza opôs às injustiças dos homens; é por esse medo mútuo que Deus julgou apropriado uni-los. Assim, todo homem sensato concluirá que é do seu interesse ser honesto. O conhecimento que ele terá do coração humano e a persuasão em que estará de que não há em si nem virtude nem vício jamais o impedirão de ser bom cidadão e de cumprir todos os deveres da vida. Assim se observa que os filósofos (que se costumam batizar com o nome de incrédulos e libertinos) foram em todos os tempos as pessoas mais virtuosas do mundo. Sem fazer aqui uma lista de todos os grandes homens da Antiguidade, sabe-se que La Mothe Le Vayer, preceptor do irmão de Luís XIII, Bayle, Locke, Spinoza, *milord* Shaftesbury, Collins etc. eram homens de uma virtude rígida; e não foi apenas o medo do desprezo dos homens que fez a virtude deles, foi o gosto da própria virtude. Um espírito reto é virtuoso pela mesma razão que leva aquele que não tem o gosto depravado a preferir o excelente vinho de Nuits ao vinho de Brie e as perdizes do Mans à carne de cavalo. Uma educação sadia perpetua esses sentimentos em todos os homens, e daí adveio esse sentimento universal que se chama *honra*, do qual os mais corrompidos não podem desfazer-se e que é a base da sociedade. Os que têm necessidade do amparo da religião para serem pessoas honestas são dignos de lástima, e seria preciso que fossem monstros da sociedade se não encontrassem em si mesmos os sentimentos necessários a essa sociedade e se fossem obrigados a tomar emprestado alhures o que deve encontrar-se na nossa natureza.

O FILÓSOFO IGNORANTE

(1766[1])

---

[1] *Le philosophe ignorant, in Voltaire, Oeuvres complètes*, Garnier, Paris, 1879, tomo XXVI, pp. 47-95. Existem várias edições desta obra com a data de 1766, contendo também algumas outras peças: 1º *Petite digression*, que, a partir das edições de Kehl, está classificada nos romances (ver Voltaire, *Oeuvres complètes, op. cit.*, tomo XXI, p. 245), sob este título: *Les aveugles juges des couleurs*; 2º *Aventure indienne* (que está também no tomo XXI, p. 243); 3º *Petit commentaire de l'ignorant sur l'éloge du Dauphin* (ver tomo XXV, p. 471); 4º *Supplément au philosophe ignorant: André Destouches à Siam* (que se encontrará na página 165 desta edição). Uma edição de 1766, que não contém este último fragmento, tem, no verso do frontispício, esta singular nota impressa: "Por A...... de V.......e, cavalheiro que desfruta de cem mil libras de renda, conhecedor de todas as coisas e que só faz tagarelar de alguns anos a esta parte: ah, público, recebei estas últimas palavras com indulgência!".

Le philosophe ignorant foi, em 1767, incluído no tomo IV dos *Nouveaux mélanges*, onde se intitula *Les questions d'un homme qui ne sait rien*. Sabe-se como Mme Du Deffant estava a par dos escritos saídos da pena de Voltaire. Ora, como essa senhora fala pela primeira vez do *Philosophe ignorant* em sua carta a H. Walpole de 4 de janeiro de 1767, a obra deve ter aparecido no fim de dezembro de 1766. No entanto, Voltaire ocupava-se dela quando da viagem de Chabanon a Ferney em abril de 1766. (B.)

Quadro de dúvidas

I. Quem é você?
II. Nossa fraqueza.
III. Como se pode pensar.
IV. A que serve saber tudo isso?
V. Há ideias inatas?
VI. Das bestas, isto é, dos animais que não têm precisamente o dom da fala.
VII. Da experiência.
VIII. Da substância de que nada se sabe.
IX. Dos limites estreitos do entendimento humano.
X. Das descobertas impossíveis de se fazer.
XI. Do desespero de nada se conhecer profundamente.
XII. Há inteligências superiores?
XIII. O homem é livre?
XIV. Tudo é eterno?
XV. A inteligência que preside o mundo.
XVI. Da eternidade.
XVII. Incompreensibilidade de tudo isso.
XVIII. Do infinito que não mais se compreende.
XIX. Da inteira dependência do homem.
XX. Ainda uma palavra sobre a eternidade.
XXI. Ainda uma palavra sobre a dependência do homem.
XXII. Novas dúvidas se há outros seres inteligentes.
XXIII. Do único artesão supremo.
XXIV. Justiça feita a Espinoza e a Bayle.
XXV. Dos muitos absurdos.
XXVI. Do melhor dos mundos cheio de tolices e infelicidades.
XXVII. Das mônadas.

XXVIII. Das formas plásticas.
XXIX. De Locke.
XXX. O pouco que se sabe
XXXI. Há uma moral?
XXXII. Há o justo e o injusto?
XXXIII. Consentimento universal é prova da verdade?
XXXIV. Contra Locke o estimando muito.
XXXV. Ainda contra Locke.
XXXVI. A natureza é sempre a mesma?
XXXVII. Sobre Hobbes.
XXXVIII. Moral universal, apesar de Hobbes.
XXXIX. Sobre Zoroastro, o que quer que haja de Zoroastro distante de Hobbes.
XL. Sobre os Brâmanes.
XLI. Sobre Confúcio que chamamos *Confucius*.
XLII. Sobre Pitágoras.
XLIII. Sobre Zaleucos, artigo de que é necessário tirar seu proveito.
XLIV. Sobre Epicuro, mais estimado do que se acredita.
XLV. Sobre os Estoicos.
XLVI. A filosofia é uma virtude?
XLVII. Sobre Esopo.
XLVIII. A paz nascerá da filosofia?
XLIX. Questão: se é necessário perseguir os filósofos?
L. A perseguição não é uma doença que se assemelha à raiva?
LI. A que tudo isso pode servir?
LII. Outras ignorâncias.
LIII. A maior ignorância.
LIV. Ignorância ridícula.
LV. Pior que a ignorância.
LVI. Começo da razão.

I. Quem é você?

Quem és tu? de onde vens? que fazes? em que te tornarás? Eis uma indagação que se deve fazer a todos os seres do universo, mas à qual ninguém nos dá resposta.

Pergunto às plantas qual virtude as faz crescer e como o mesmo terreno produz frutos tão diversos. Esses seres insensíveis e mudos, conquanto enriquecidos por uma faculdade divina, deixam-me às voltas com a minha ignorância e as minhas vãs conjeturas.

Interrogo essa infinidade de animais diferentes, que têm todos o movimento e o comunicam, que gozam das mesmas sensações que eu, que têm o seu quinhão de ideias e de memória com todas as paixões. Sabem ainda menos que eu o que são, por que são e em que se tornarão.

Suspeito, tenho até boas razões para acreditar que os planetas que giram ao redor de sóis inumeráveis que preenchem o espaço são povoados por seres sensíveis e pensantes; mas uma barreira eterna nos separa, e nenhum desses habitantes dos outros globos se comunicou conosco.

O senhor prior, no *Spectacle de la nature*[2], disse ao senhor cavaleiro que os astros eram feitos para a Terra, e a Terra, assim como os animais, para o homem. Mas, como o pequenino globo da Terra gira com os demais planetas ao redor do Sol; como os movimentos

---

[2] De Pluche, 1732.

regulares e proporcionais dos astros podem subsistir eternamente sem que haja homens; como existe sobre o nosso pequenino planeta um número infinitamente maior de animais do que de meus semelhantes, pensei que o senhor prior tinha um certo excesso de amor-próprio ao se jactar de que tudo tinha sido feito para ele; vi que o homem, durante a sua vida, é devorado por todos os animais caso esteja sem defesa e que todos o devoram ainda depois de sua morte. Assim, foi-me difícil conceber que o senhor prior e o senhor cavaleiro fossem os reis da natureza. Escravo de tudo quanto me cerca, em vez de ser rei, encerrado num ponto e rodeado pela imensidade, começo por me investigar a mim mesmo.

II. Nossa fraqueza

Sou um animal frágil; não tenho ao nascer nem força, nem conhecimento, nem instinto; não posso nem sequer me arrastar até o seio da minha mãe, como o fazem todos os quadrúpedes; só adquiro algumas ideias do modo como adquiro um pouco de força, quando meus órgãos começam a se desenvolver. Essa força aumenta em mim até a época em que, não podendo mais crescer, ela diminui dia a dia. Esse poder de conceber ideias aumenta, da mesma forma, até o seu termo e em seguida declina gradualmente, de maneira imperceptível.

Qual é essa mecânica que aumenta de momento em momento as forças dos meus membros até o limite prescrito? Ignoro-o; e os que passaram a vida procurando essa causa não sabem mais que eu a respeito dela.

Qual é esse outro poder que faz entrar imagens no meu cérebro, que as conserva na minha memória? Os que são pagos para sabê-lo investigaram-no inutilmente; encontramo-nos todos, em relação aos primeiros princípios, na mesma ignorância em que nos encontrávamos quando estávamos no berço.

III. Como se pode pensar?

Será que os livros escritos nos últimos dois mil anos me ensinaram alguma coisa? Às vezes nos vem uma vontade de saber como pensamos, embora raramente tenhamos a vontade de saber como digerimos, como andamos. Interroguei minha razão, perguntei-lhe o que ela é: essa pergunta sempre a confundiu.

Tentei descobrir por ela se os mecanismos que me fazem digerir, que me fazem andar, são os mesmos pelos quais eu tenho ideias. Nunca logrei conceber como e por que essas ideias desapareciam quando a fome fazia meu corpo enlanguescer e como elas renasciam depois que eu comia.

Vi uma diferença tão grande entre os pensamentos e a nutrição, sem a qual eu não pensaria de modo algum, que acreditei haver em mim uma substância que raciocinava e outra que digeria. No entanto, procurando sempre provar a mim mesmo que nós somos dois, senti vagamente que sou um só; e essa contradição sempre me foi extremamente penosa.

Perguntei a alguns de meus semelhantes que lavram com muita perícia a terra, nossa mãe comum, se achavam que eram dois, se tinham descoberto por sua filosofia que traziam em si uma substância imortal e não obstante formada de nada, existente sem extensão, que atua sobre seus nervos sem neles tocar, enviada expressamente no ventre de sua mãe seis semanas depois da sua concepção; eles acharam que eu gracejava e continuaram a lavrar os seus campos sem me responder.

IV. A que serve saber tudo isso?

Vendo, pois, que um número prodigioso de homens não tinha nem sequer a menor ideia das dificuldades que me inquietam, e que ignoravam o que se diz, nas escolas, do ser em geral, da matéria, do espírito etc.; vendo mesmo que zombavam com frequência do fato de eu querer sabê-lo, suspeitei que não era nem um pouco necessário que o soubéssemos. Achei que a natureza deu a cada ser uma porção que lhe convém, e acreditei que as coisas às quais não podíamos chegar não são nossa partilha. Mas, apesar desse desespero, não deixo de querer ser instruído, e minha curiosidade frustrada continua insaciável.

V. Há ideias inatas?

Aristóteles começa por dizer que a incredulidade é a fonte da sabedoria; Descartes parafraseou esse pensamento, e ambos me ensinaram a não acreditar em nada do que eles me dizem. Esse Descartes, sobretudo, depois de ter fingido duvidar, fala com um tom tão afirmativo do que não entende, está tão seguro de si quando se engana grosseiramente em física, construiu um mundo tão imaginário, seus turbilhões e seus três elementos são de um ridículo tão prodigioso que devo desconfiar de tudo o que ele me diz acerca da alma, depois de ele me haver enganado tanto no que concerne aos corpos. Que se faça o seu elogio, tudo bem, desde que não se faça o de seus romances filosóficos, desprezados hoje e para sempre em toda a Europa.

Ele acredita ou finge acreditar que nascemos com pensamentos metafísicos. Eu também gostaria de dizer que Homero nasceu com a *Ilíada* na cabeça. É bem verdade que Homero, ao nascer, tinha um cérebro de tal modo construído que, tendo em seguida adquirido ideias poéticas, ora belas, ora incoerentes, ora exageradas, compôs enfim a *Ilíada*. Trazemos, ao nascer, o germe de tudo o que se desenvolve em nós; mas não temos realmente mais ideias inatas do que Rafael e Miguel Ângelo trouxeram, ao nascer, pincéis e tintas.

Descartes, para tentar pôr em acordo as partes esparsas de suas quimeras, supôs que o homem pensa sempre; eu também gostaria de imaginar que os pássaros nunca param de voar, nem os cães de correr, porque estes têm a faculdade de correr, aqueles a de voar.

Por pouco que consultemos nossa própria experiência e a do gênero humano, convencemo-nos do contrário. Não há ninguém bastante louco para acreditar piamente que tenha pensado durante toda a sua vida, de dia e de noite, sem interrupção, desde que era feto até sua derradeira doença. O recurso dos que quiseram defender esse romance foi dizer que nós pensamos sempre, mas não nos apercebemos disso. Seria como dizer que bebemos, comemos e andamos a cavalo sem o saber. Se não vos apercebeis de que tendes ideias, como podeis afirmar que as tendes? Gassendi zombou, como cumpria, desse sistema extravagante. Sabeis o que aconteceu? Tomaram Gassendi e Descartes por ateus porque raciocinavam.

VI. Das bestas, isto é, dos animais que não têm precisamente o dom da fala

Da suposição de que os homens tinham continuamente ideias, percepções, concepções, seguia-se naturalmente que os animais também as tinham: pois é incontestável que um cão de caça tem a ideia do dono a quem obedece e da caça que lhe traz. É evidente que tem memória e que combina algumas ideias. Assim, pois, se o pensamento do homem fosse também a essência de sua alma, o pensamento do cão seria também a essência da dele, e se o homem tivesse sempre ideias seria preciso que os animais as tivessem sempre. Para resolver essa dificuldade, o inventor dos turbilhões e da matéria canelada[3] ousou dizer que os animais eram puras máquinas que procuravam comida sem ter apetite, que tinham sempre os órgãos do sentimento mas não experimentavam jamais a menor sensação, que gritavam sem dor, que testemunhavam seu prazer sem alegria, que possuíam um cérebro mas não recebiam nele a mais leve ideia e que eram assim uma contradição perpétua da natureza.

Esse sistema era tão ridículo quanto o outro; mas, em vez de fazerem ver sua extravagância, trataram-no de ímpio: pretendeu-se que esse sistema repugnava à Sagrada Escritura, que diz, no Gênesis[4], que "Deus fez um pacto com os animais e lhes pedirá contas do sangue dos homens que tiverem mordido e comido"; o que supõe manifestamente nos animais a inteligência, o conhecimento do bem e do mal.

VII. Da experiência

Não misturemos jamais as Sagradas Escrituras às nossas disputas filosóficas: são coisas por demais heterogêneas e que não guardam entre si nenhuma relação. Trata-se aqui apenas de examinar o que podemos saber por nós mesmos, e isso se reduz a bem pouca coisa. É preciso ter renunciado ao senso comum para não convir em que

---

[3] Descartes.
[4] Gênesis IX, 5.

tudo o que sabemos nos vem pela experiência; e certamente, se só chegamos pela experiência, e por uma série de tentativas e de longas reflexões, a adquirir algumas ideias frágeis e ligeiras do corpo, do espaço, do tempo, do infinito, do próprio Deus, não vale a pena que o Autor da natureza coloque essas ideias no cérebro de todos os fetos para que em seguida só um número reduzidíssimo de homens delas faça uso.

Somos, em relação aos objetos da nossa ciência, como os inscientes amantes Dáfnis e Cloé, dos quais Longo nos descreve os amores e as vãs tentativas. Foi-lhes necessário muito tempo para adivinhar como podiam satisfazer seus desejos, porque lhes faltava a experiência. O mesmo sucedeu com o imperador Leopoldo[5] e com o filho de Luís XIV; foi preciso instruí-los. Se eles tivessem ideias inatas, é de crer que a natureza não lhes teria recusado a principal e a única necessária para a conservação da espécie humana.

VIII. Da substância de que nada se sabe

Não podendo ter nenhuma noção a não ser por experiência, é impossível que um dia venhamos a saber o que é a matéria. Nós tocamos, vemos as propriedades dessa substância; mas a própria palavra *substância, o que está embaixo*, nos adverte que esse *embaixo* nos será desconhecido para sempre: por mais coisas que descubramos acerca de suas aparências, sempre restará esse *embaixo* por descobrir. Pela mesma razão, jamais saberemos por nós mesmos o que é o espírito. É uma palavra que originariamente significa *sopro* e da qual nos temos servido para tentar expressar de maneira vaga e imperfeita aquilo que nos dá os pensamentos. Mas, ainda que, por um prodígio que não cabe supor, tivéssemos uma leve ideia da substância desse espírito, não teríamos avançado mais; nunca poderíamos adivinhar como essa substância recebe sentimentos e pensamentos. Sabemos efetivamente que temos um pouco de inteligência, mas como a temos? Isto é segredo da natureza, e ela não o revelou a nenhum mortal.

---

[5] Leopoldo I, nascido em 1640, falecido em 1705; eleito imperador em 1658.

IX. Dos limites estreitos do entendimento humano

Nossa inteligência é muito limitada, assim como a força do nosso corpo. Existem homens muito mais robustos do que outros; existem também os Hércules na esfera dos pensamentos, mas no fundo essa superioridade é muito pouca coisa. Um levantará dez vezes mais matéria do que eu; o outro poderá fazer de cabeça, e sem papel, uma divisão de quinze algarismos, ao passo que eu mal conseguirei fazer uma com três ou quatro: eis a que se reduz essa força tão alardeada; mas bem depressa ela encontrará o seu limite; e eis por que, nos jogos de combinação, nenhum homem, depois de se ter desenvolvido neles por meio de toda a sua aplicação e de uma longa prática, jamais conseguirá, por mais esforços que faça, ir além do grau que conseguiu atingir; ele chegou ao limite de sua inteligência. É mesmo imprescindível que seja assim, pois do contrário iríamos, de grau em grau, até o infinito.

X. Das descobertas impossíveis de se fazer

Nesse círculo estreito em que estamos encerrados, vejamos pois o que estamos condenados a ignorar e o que podemos conhecer um pouco. Já vimos[6] que nenhum primeiro motor, nenhum primeiro princípio pode ser apreendido por nós.

Por que o meu braço obedece à minha vontade? Estamos tão acostumados a esse fenômeno incompreensível que pouquíssimos lhe prestamos atenção; e, quando queremos investigar a causa de um efeito tão comum, constatamos que existe realmente o infinito entre nossa vontade e a obediência do nosso membro, isto é, que não há nenhuma proporção de uma para outra, nenhuma razão, nenhuma aparência de causa; e sentimos que pensaríamos nisso uma eternidade sem conseguir vislumbrar o menor indício de verossimilhança.

---

[6] *Questão II*, p. 93.

XI. Do desespero de nada se conhecer profundamente

Detidos assim desde o primeiro passo e debruçando-nos em vão sobre nós mesmos, ficamos aterrados por nos buscarmos sempre e não nos encontrarmos jamais. Nenhum dos nossos sentidos é explicável.

Sabemos, de modo aproximado, com a ajuda dos triângulos, que entre a Terra e o Sol há cerca de trinta milhões das nossas grandes léguas geométricas; mas que é o Sol? e por que ele gira em torno de seu eixo? e por que num sentido e não no outro? e por que Saturno e nós giramos em torno desse astro do ocidente para o oriente e não do oriente para o ocidente? Não somente não responderemos jamais a essas perguntas como ainda jamais haveremos de entrever a menor possibilidade de imaginar para ela apenas uma causa física. Por quê? Porque o nó dessa dificuldade está no primeiro princípio das coisas.

Isso se aplica tanto ao que age dentro de nós como ao que age nos espaços imensos da natureza. Há no arranjo dos astros e na conformação de um ácaro e do homem um primeiro princípio cujo acesso nos deve ser necessariamente vedado. Pois se pudéssemos conhecer nosso primeiro motor seríamos os seus senhores, seríamos deuses. Esclareçamos essa ideia e vejamos se ela é verdadeira.

Suponhamos que encontrássemos efetivamente a causa das nossas sensações, dos nossos pensamentos, dos nossos movimentos, tal como descobrimos nos astros a razão dos eclipses e das diferentes fases da Lua e de Vênus; é evidente que prediríamos então nossas sensações, nossos pensamentos e nossos desejos resultantes dessas sensações, tal como predizemos as fases e os eclipses. Sabendo, pois, o que deveria ocorrer amanhã em nosso interior, veríamos claramente, pelo funcionamento dessa máquina, de que maneira, agradável ou funesta, deveríamos ser afetados. Temos uma vontade que, uma vez reconhecida, dirige em várias circunstâncias os nossos movimentos interiores. Por exemplo, se me sinto predisposto à cólera, minha reflexão e minha vontade lhe reprimem os acessos nascentes. Eu veria, se conhecesse meus primeiros princípios, todas as emoções a que estou disposto para amanhã, toda a série de ideias que

O FILÓSOFO IGNORANTE

me aguardam; eu poderia ter sobre essa série de ideias e de sentimentos o mesmo poder que exerço às vezes sobre os sentimentos e sobre os pensamentos atuais que afasto e reprimo. Eu me encontraria precisamente na situação de todo homem que pode atrasar e acelerar à vontade o movimento de um relógio, de um navio, de qualquer máquina conhecida.

Nessa suposição, sendo senhor das ideias que me estão destinadas amanhã, eu o seria para o dia seguinte, eu o seria para o resto de minha vida; poderia então ser sempre onipotente sobre mim mesmo, seria o deus de mim mesmo[7]. Bem vejo que esse estado é incompatível com minha natureza; é, portanto, impossível que eu possa conhecer seja o que for do primeiro princípio que me faz pensar e agir.

XII. Há inteligências superiores?

O que é impossível à minha natureza, tão frágil, tão limitada e que tem uma duração tão curta, é impossível em outros globos, em outras espécies de ser? Haverá inteligências superiores, senhoras de todas as suas ideias, que pensam e sentem tudo o que querem? Não sei; só conheço a minha fraqueza, não tenho noção alguma da força dos outros.

XIII. O homem é livre?

Não saiamos ainda do círculo de nossa existência; continuemos a nos examinar na medida do possível. Lembro-me de que um dia, an-

---

[7] Esse raciocínio nos parece sujeito a várias dificuldades. 1º Esse poder, se o homem viesse a adquiri-lo, mudaria de certo modo a sua natureza; mas essa não é uma razão para se ter certeza de que ele não pode adquiri-lo. 2º Poder-se-ia conhecer a causa de todas as nossas sensações, de todos os nossos sentimentos e contudo não ter absolutamente o poder, seja de desviar as impressões dos objetos exteriores, seja de impedir os efeitos que podem resultar de uma distração, de um mau cálculo. 3º Há um grande número de graus entre nossa ignorância atual e esse conhecimento perfeito da nossa natureza; o espírito humano poderia percorrer os diferentes graus dessa escala sem jamais chegar ao último; mas cada grau contribuiria para aumentar os nossos conhecimentos reais, e esses conhecimentos poderiam ser úteis. Seriam tanto da metafísica quanto da matemática, das quais nunca esgotamos nenhuma parte, mesmo fazendo em cada século um grande número de descobertas úteis nessas matérias. (K.)

tes de ter formulado as questões precedentes, um raciocinador quis fazer-me raciocinar. Perguntou-me se eu era livre; respondi-lhe que não me achava em nenhuma prisão, que tinha a chave do meu quarto, que era perfeitamente livre. "Não é isso o que estou lhe perguntando", respondeu-me; "achais mesmo que vossa vontade tem a liberdade de querer ou de não querer atirar-vos pela janela? pensais, como o anjo da escola, que o livre-arbítrio é uma potência apetitiva e que o livre-arbítrio se perde pelo pecado?". Olhei fixamente para o meu homem, tentando ler nos seus olhos se ele estava com o espírito perturbado, e respondi-lhe que não entendia nada do seu aranzel.

Entretanto, essa questão sobre a liberdade do homem interessou-me vivamente; li os *escolásticos* e fui, como eles, às trevas; li *Locke* e vislumbrei indícios de luz; li o *Tratado* de *Collins*, que me pareceu *Locke* aperfeiçoado; e depois disso não li mais nada que me desse um novo grau de conhecimento. Eis aqui o que minha frágil razão concebeu, ajudada por esses dois grandes homens, os únicos, a meu ver, que se entenderam a si mesmos ao escrever sobre esse assunto e os únicos que se fizeram entender aos outros.

Nada existe sem causa. Um efeito sem causa não passa de uma palavra absurda. Todas as vezes que quero, só pode ser em virtude de meu julgamento bom ou mau; esse julgamento é necessário, portanto minha vontade também o é. De fato, seria bem singular que toda a natureza, todos os astros obedecessem a leis eternas e que houvesse um pequeno animal de cinco pés de altura que, a despeito dessas leis, pudesse agir sempre como lhe aprouvesse, segundo o seu capricho. Ele agiria ao acaso, e sabe-se que o acaso nada é. Inventamos essa palavra para exprimir o efeito conhecido de toda causa desconhecida.

Minhas ideias entram necessariamente no meu cérebro; como minha vontade, que delas depende, haveria de ser ao mesmo tempo necessária e absolutamente livre? Sinto em mil ocasiões que essa vontade nada pode; assim, quando a doença me acomete, quando a paixão me transporta, quando meu julgamento não pode alcançar os objetivos que se me apresentam etc., devo portanto pensar que, sendo as leis da natureza sempre as mesmas, minha vontade não é mais livre nas coisas que me parecem mais indiferentes do que naquelas nas quais me sinto submetido a uma força invencível.

O FILÓSOFO IGNORANTE

Ser verdadeiramente livre é poder. Quando posso fazer o que quero, eis a minha liberdade; mas quero necessariamente o que quero; do contrário quereria sem razão, sem causa, o que é impossível. Minha liberdade consiste em andar quando quero andar e quando não tenho a gota.

Minha liberdade consiste em não praticar uma ação má quando meu espírito a vê como necessariamente má; em subjugar uma paixão quando meu espírito me faz sentir o perigo que ela representa e quando o horror dessa ação combate poderosamente o meu desejo. Podemos reprimir nossas paixões, como já anunciei na *questão XI*, mas então não somos mais livres ao reprimir os nossos desejos do que ao deixar-nos arrastar por nossas tendências: pois num e noutro caso seguimos irresistivelmente nossa última ideia, e essa última ideia é necessária; portanto, faço necessariamente o que ela me dita. É estranho que os homens não estejam contentes com esse quinhão de liberdade, isto é, com o poder, que receberam da natureza, de em vários casos fazer o que querem; os astros não a têm; nós a possuímos, e nosso orgulho às vezes nos faz crer que a possuímos ainda mais. Imaginamos que temos o dom incompreensível e absurdo de querer sem outra razão, sem outro motivo que o de querer. Vede a *questão XXIX*.

Não, não posso perdoar ao doutor Clarke o ter combatido com má-fé essas verdades cuja força ele sentia e que pareciam conciliar-se mal com seus sistemas. Não, não é lícito a um filósofo como ele ter atacado Collins como sofista e desviado o estado da questão acusando Collins de chamar o homem de *um agente necessário*. Agente ou paciente, que importa? agente quando se move voluntariamente, paciente quando recebe ideias. Que é que o nome faz à coisa? O homem é em tudo um ser dependente, como a natureza inteira é dependente, e não pode ser excetuado dos outros seres.

O pregador, em Samuel Clarke, abafou o filósofo; ele distingue entre necessidade física e necessidade moral. E o que é uma necessidade moral? Parece-vos verossímil que uma rainha da Inglaterra que é coroada e sagrada numa igreja não se despoje dos trajes reais para se estender inteiramente nua sobre o altar, conquanto se conte uma aventura semelhante de uma rainha do Congo. Chamais a isso *uma necessidade moral* numa rainha dos nossos climas, mas é no fundo uma necessidade física, eterna, ligada à constituição das coisas. É tão certo que essa rainha não fará tal loucura quanto é certo que ela morrerá um dia. A necessidade moral não passa de uma palavra; tudo o que se faz é absolutamente necessário. Não há meio-termo entre a necessidade e o acaso; e sabeis que o acaso não existe: portanto, tudo o que acontece é necessário.

Para complicar ainda mais a coisa, imaginou-se distinguir ainda entre necessidade e coação; mas, no fundo, será a coação algo mais que uma necessidade de que nos apercebemos? E não será a necessidade uma coação da qual não nos apercebemos? Arquimedes tem igualmente necessidade de ficar no seu quarto quando ali o encerram e quando está tão intensamente ocupado com um problema que não recebe a ideia de sair de lá.

Ducunt volentem fata, nolentem trahunt[8].

O ignorante que pensa assim nem sempre pensou assim[9], mas enfim foi obrigado a se render.

XIV. Tudo é eterno?

Submetido a leis eternas como todos os globos que preenchem o espaço, como os elementos, os animais, as plantas, lanço olhares espantados a tudo o que me circunda; tento saber quem é o meu autor e o de toda essa máquina imensa da qual não passo de uma roda imperceptível.

Não vim do nada, pois a substância de meu pai e a de minha mãe que me trouxe no útero por nove meses é alguma coisa. É-me evidente que o germe que me produziu não pode ser o produto de nada: pois como o nada produziria a existência? Sinto-me subjugado por esta máxima que remonta à Antiguidade: "Nada vem do nada, nada

---

[8] Esse verso costuma ser citado como pertencendo à tragédia *Hercules furens*: no entanto ele não se encontra em nenhuma das tragédias de Sêneca. Encontramo-lo na epístola CVII de Sêneca, o filósofo.

[9] Ver o *Traité de métaphysique*, obra escrita mais de quarenta anos antes desta. (K.) – O *Traité de métaphysique* (*Oeuvres complètes, op. cit.*, tomo XXII, pp. 189 e 221) precedeu de apenas trinta e dois anos o *Philosophe ignorant*.

pode voltar ao nada."[10] Esse axioma encerra uma força tão terrível que domina todo o meu entendimento sem que eu possa debater-me contra ele. Nenhum filósofo se afastou dele; nenhum legislador, fosse ele quem fosse, o contestou. O *Cahut* dos fenícios, o *Caos* dos gregos, o *Tohu-bohu* dos caldeus e dos hebreus, tudo nos atesta que sempre se acreditou na eternidade da matéria. Minha razão, enganada por essa ideia tão antiga e tão geral, me diz: É efetivamente necessário que a matéria seja eterna, já que ela existe; se era ontem, ela era antes. Não percebo nenhuma probabilidade de que ela tenha começado a ser, nenhuma causa pela qual não tivesse sido, nenhuma causa pela qual tenha recebido a existência em uma época e não em outra. Cedo, pois, a essa convicção, seja fundada, seja errônea, e subscrevo a opinião do mundo inteiro, até que, tendo avançado em minhas investigações, encontre uma luz superior[11] ao julgamento de todos os homens que me force a retratar-me a meu pesar.

Mas se, como tantos filósofos da Antiguidade pensavam, o Ser eterno sempre agiu, em que se tornarão o *Cahut* e o *Ereb* dos fenícios, o *Tohu-bohu* dos caldeus, o *Caos* de Hesíodo? Ele permanecerá nas fábulas. O *Caos* é impossível aos olhos da razão, porque é impossível que, sendo eterna a inteligência, tenha havido alguma coisa oposta às leis da inteligência: ora, o *Caos* é precisamente o oposto de todas as leis da natureza. Entrai na caverna mais horrenda dos Alpes, sob esses escombros de rochedos, de gelo, de areia, de águas, de cristais, de minerais informes: tudo ali obedece à gravitação e às leis da hidrostática. O *Caos* nunca esteve senão em nossas cabeças e só serviu para que Hesíodo e Ovídio compusessem belos versos.

Se a nossa Sagrada Escritura disse que o *Caos*[12] existia, se o *Tohu--bohu*[13] foi adotado por ela, nós o cremos, sem dúvida, e com a mais viva fé. Apenas falamos aqui segundo as luzes falazes da nossa razão. Limitamo-nos, como dissemos[14], a ver o que podemos suspeitar por

---

[10] Pérsio disse, sátira III, verso 84:

        Ex nihilo nihil, in nihilum nil posse reverti.

[11] A revelação; ver p. 113, *questão XX*. – Ainda a eternidade.

[12] Lucas XVI, 26.

[13] Ver o começo da *Bible enfin expliquée*.

[14] Ver p. 97, *questão VII*, A experiência.

nós mesmos. Somos crianças que tentam dar alguns passos sem andadeiras: andamos, caímos, e a fé nos reergue.

XV. A inteligência que preside o mundo

Mas, ao perceber a ordem, o artifício prodigioso, as leis mecânicas e geométricas que reinam no universo, os meios, os fins inumeráveis de todas as coisas, sou tomado de admiração e respeito. Julgo imediatamente que, se as obras dos homens, as minhas próprias, me forçam a reconhecer em nós uma inteligência, devo reconhecer nelas uma bem superior agindo na infinidade de tantas obras. Admito essa inteligência suprema sem temer que algum dia se possa fazer-me mudar de opinião. Nada abala em mim este axioma: "Toda obra pressupõe um obreiro."[15]

XVI. Da eternidade

Essa inteligência é eterna? Sem dúvida, porque quer eu admita ou rejeite a eternidade, não posso rejeitar a existência eterna de seu artesão supremo; e é evidente que, se ele existe hoje, existiu sempre.

XVII. Incompreensibilidade de tudo isso

Ainda não avancei senão dois ou três passos nesse longo caminho; quero saber se essa inteligência divina é algo de absolutamente distinto do universo, mais ou menos como o escultor se distingue

---

[15] A prova da existência de Deus, tirada da observação dos fenômenos do universo, cuja ordem e cujas leis parecem indicar uma unidade de desígnio e por conseguinte uma causa única e inteligente, é a única na qual o sr. Voltaire se deteve e a única que pode ser admitida por um filósofo livre dos preconceitos e da arenga das escolas. A obra intitulada *Du principe d'action* (ver *Mélanges*, VII, *in* Voltaire, *Oeuvres complètes,* , Garnier, Paris, tomo XXVIII, 1879) contém uma exposição dessa prova ao mesmo tempo mais convincente e mais simples do que as que foram aduzidas por filósofos que foram considerados profundos porque obscuros e eloquentes porque exageradores. Poder-se-ia perguntar agora qual é, para nós, no estado atual dos nossos conhecimentos referentes às leis do universo, a probabilidade de que essas leis formem um sistema uno e regular, e em seguida a probabilidade de que esse sistema regular seja o efeito de uma vontade inteligente. Essa questão é mais difícil do que parece à primeira vista. (K.)

da estátua, ou se essa alma do mundo está unida ao mundo e o penetra; mais ou menos como aquilo que chamo de *minha alma* está unido a mim, e segundo esta ideia da Antiguidade tão bem expressa em Virgílio:

Mens agitat molem, et magno se corpore miscet.
(En., livro VI, v. 727.)

e em Lucano:

Jupiter est quodcumque vides, quocumque moveris.
(Livro IX, v. 580.)

Vejo-me detido subitamente em minha vã curiosidade. Miserável mortal, se não posso sondar minha própria inteligência, se não posso saber o que me anima, como haverei de conhecer a inteligência inefável que preside visivelmente à matéria inteira? Há uma, tudo mo demonstra; mas onde está a bússola que me conduzirá à sua morada eterna e ignota?

XVIII. Do infinito que não mais se compreende

Será que essa inteligência é infinita em poder e em imensidade, como é incontestavelmente infinita em duração? Não posso sabê-lo por mim mesmo. Ela existe, portanto sempre existiu, isso está claro. Mas que ideia posso ter de um poder infinito? Como posso conceber um infinito efetivamente existente? Como posso imaginar que a inteligência suprema está no vazio? Não se dá com o infinito em extensão o mesmo que se dá com o infinito em duração. Uma duração infinita se escoou no momento em que falo, isso é certo; nada posso ajuntar a essa duração passada, mas sempre posso ajuntar ao espaço que concebo, como posso ajuntar aos números que concebo. O infinito em número e em extensão está fora da esfera de meu entendimento. O que quer que me digam, nada me esclarece nesse abismo. Sinto felizmente que minhas dificuldades e minha ignorância não podem prejudicar a moral; por mais que não se conceba, nem a imensidade do espaço preenchida, nem o poder infinito que tudo fez e que no entanto ainda pode fazer, isso só servirá para provar cada vez mais a fragilidade do nosso entendimento, e essa fragilidade somente nos tornará mais submissos ao Ser eterno de quem somos a obra.

XIX. Da inteira dependência do homem

Somos sua obra. Eis aí uma verdade interessante para nós: porque saber pela filosofia em que tempo ele fez o homem, o que ele fazia antes; se ele está na matéria, se está no vazio, se está num ponto, se age sempre ou não, se age em toda parte, se age fora dele ou dentro dele; tudo isso são questões que redobram em mim o sentimento de minha profunda ignorância.

Vejo mesmo que houve apenas uma dúzia de homens na Europa que escreveram sobre essas coisas abstratas com um pouco de método; e, ainda quando eu supusesse que eles falaram de maneira inteligível, que resultaria daí? Já reconhecemos (*questão IV*) que as coisas que tão poucas pessoas podem gabar-se de entender são inúteis para o resto do gênero humano[16]. Somos decerto obra de Deus, eis o que me é útil saber: a prova disso é palpável. Tudo é meio e fim no meu corpo; tudo é mola, polia, força motriz, máquina hidráulica, equilíbrio de líquidos, laboratório de química. Portanto ele é arranjado por uma inteligência (*questão XV*). Não é à inteligência de meus pais que devo esse arranjo, pois seguramente eles não sabiam o que estavam fazendo quando me puseram no mundo;

---

[16] Essa opinião será efetivamente certa? A experiência não terá provado que verdades muito difíceis de entender podem ser úteis? As tabelas da Lua, as dos satélites de Júpiter guiam nossos navios nos mares, salvam a vida dos marinheiros; e são formadas com base em teorias que só são conhecidas de um pequeno número de sábios. Aliás, nas ciências ligadas à moral, à política, será que os mesmos conhecimentos, que inicialmente são o privilégio de uns poucos filósofos, não podem ser postos ao alcance de todos os homens que receberam alguma educação, que cultivaram seu espírito, e tornar-se àssim de utilidade geral, já que são esses mesmos homens que governam o povo e influem nas opiniões? Essa máxima é uma dessas opiniões para onde nos arrasta a ideia muito natural, mas talvez muito falsa, de que o nosso bem-estar foi um dos motivos da ordem reinante no sistema geral dos seres. Não se devem confundir essas causas finais das quais nos fazemos objeto com as causas finais mais extensas, que a observação dos fenômenos pode fazer-nos suspeitar e nos indicar com maior ou menor probabilidade. As primeiras pertencem à retórica, as outras, à filosofia. O sr. de Voltaire combateu frequentemente essa maneira de raciocinar. (K.)

eram tão-só os instrumentos cegos desse eterno inventor que anima a minhoca e faz o Sol girar em torno de seu eixo.

XX. Ainda uma palavra sobre a eternidade

Nascido de um germe vindo de outro germe, terá havido uma sucessão contínua, um desenvolvimento ininterrupto desses germes, e toda a natureza sempre terá existido por uma sequência necessária desse Ser supremo que existia por si mesmo? Se acreditasse apenas no meu frágil entendimento, eu diria: Parece-me que a natureza sempre foi animada. Não posso conceber que a causa que age contínua e visivelmente sobre ela, podendo agir em todos os tempos, não tenha agido sempre. Uma eternidade de ociosidade no ser atuante e necessário parece-me um contra-senso. Sou levado a crer que o mundo sempre emanou dessa causa primitiva e necessária, como a luz emana do Sol. Por que encadeamento de ideias me vejo sempre impelido a considerar eternas as obras do Ser eterno? Minha concepção, por mais pusilânime que seja, tem a força de chegar ao ser necessário, existente por si mesmo, e não tem a força de conceber o nada. A existência de um único átomo me parece provar a eternidade da existência, mas nada me prova o nada. Como! Teria havido o *nada* no espaço onde hoje existe alguma coisa? Isso me parece incompreensível. Não posso admitir esse *nada*, a menos que a revelação venha fixar minhas ideias, que se transportam para além dos tempos.

Bem sei que uma sucessão infinita de seres que não tivessem nenhuma origem é igualmente absurda: Samuel Clarke o demonstra de modo suficiente[17]; mas ele não se limita a afirmar que Deus não controlou esse encadeamento desde sempre; não ousa dizer que durante um longo tempo o Ser eternamente ativo não pôde desenvolver a sua ação. É evidente que o pôde; e, se o pôde, quem será

---

[17] Trata-se aqui apenas de uma impossibilidade metafísica. Ora, por que essa série de fenômenos que se sucedem indefinidamente segundo uma certa lei e que, a partir de cada instante, formam uma cadeia indefinida tanto no passado como no futuro, seria impossível de conceber? Não temos a ideia clara de um corpo movendo-se numa curva infinita, de uma série de termos estendendo-se indefinidamente nos dois sentidos, seja qual for o termo que se tome? Essa sucessão indefinida de fenômenos não pode, pois, assustar um homem familiarizado com as ideias matemáticas. (K.)

bastante ousado para dizer que não o fez? Só a revelação, mais uma vez, pode ensinar-me o contrário; mas ainda não chegamos a essa revelação, que esmaga qualquer filosofia, a essa luz diante da qual toda luz se desvanece.

XXI. Ainda uma palavra sobre a dependência do homem

Esse Ser eterno, essa causa universal me dá minhas ideias: porque não é dos objetos que eu as recebo. Uma matéria bruta não pode enviar pensamentos à minha cabeça; meus pensamentos não vêm de mim, pois chegam a meu pesar e muitas vezes também assim desaparecem. Sabe-se perfeitamente que não existe nenhuma semelhança, nenhuma relação entre os objetos e nossas ideias e sensações. Por certo havia algo de sublime nesse Malebranche que ousava pretender que vemos tudo no próprio Deus; mas não havia nada de sublime nos estoicos, que pensavam que é Deus que age em nós e que possuímos uma centelha de sua substância? Entre o sonho de Malebranche e o sonho dos estoicos, onde está a realidade? Recaio (*questão II*) na ignorância, que é o apanágio de minha natureza; e adoro o Deus por meio de quem penso sem saber como penso.

XXII. Novas dúvidas se há outros seres inteligentes

Convencido por minha parca razão de que existe um ser necessário, eterno, inteligente, de quem recebo minhas ideias, sem poder adivinhar nem o como nem o porquê, pergunto o que é esse ser, se tem a forma das espécies inteligentes e atuantes superiores à minha em outros globos. Já disse que não sei nada a esse respeito (*questão I*). No entanto não posso afirmar que isso seja impossível, pois percebo planetas muito superiores ao meu em extensão, cercados de mais satélites do que a Terra. Não é, em absoluto, inverossímil a hipótese de que sejam povoados de inteligências muito superiores a mim e por corpos mais robustos, mais ágeis e mais duradouros. Mas, como sua existência não tem relação alguma com a minha, deixo aos poetas da Antiguidade o cuidado de fazer Vênus descer de seu pretenso terceiro céu e Marte do quinto; devo investigar apenas a ação do ser necessário sobre mim mesmo.

XXIII. Do único artesão supremo

Uma grande parte dos homens, vendo o mal físico e o mal moral disseminados sobre este globo, imaginou dois seres poderosos, dos quais um produzia todo o bem e o outro, todo o mal. Se eles existissem, seriam necessários; seriam eternos, independentes, ocupariam todo o espaço; existiriam pois no mesmo lugar; penetrar-se-iam portanto um ao outro, o que é absurdo. A ideia dessas duas potências inimigas só pode ter sua origem nos exemplos que nos afetam na Terra; nela vemos homens brandos e homens ferozes, animais úteis e animais nocivos, bons senhores e maus tiranos. Imaginaram-se assim dois poderes contrários que presidiriam à natureza, o que não passa de um asiastismo. Há em toda a natureza uma unidade manifesta de desígnio; as leis do movimento e da gravidade são invariáveis; é impossível que dois artesãos supremos, inteiramente contrários um ao outro, tenham seguido as mesmas leis. Basta isso, no meu entender, para derrubar o sistema maniqueísta, e não se necessita de grossos volumes para combatê-lo.

Existe pois uma potência única, eterna, a quem tudo está ligado, de quem tudo depende, mas cuja natureza me é incompreensível. São Tomás nos diz que "Deus é puro ato, uma forma, que não tem nem gênero nem predicado; que ele é a natureza e o suposto, que existe essencialmente, participativamente e nuncupativamente". Quando os dominicanos eram os senhores da Inquisição, teriam feito queimar um homem que negasse essas belas coisas; eu não as teria negado, mas não as teria entendido.

Dizem-me que Deus é simples; confesso humildemente que não entendo tampouco o valor dessa palavra. É verdade que não lhe atribuirei partes grosseiras que eu possa separar; mas não posso conceber que o princípio e o senhor de tudo o que está na extensão não esteja na extensão. A simplicidade, rigorosamente falando, parece-me por demais semelhante ao não-ser. A extrema fraqueza de minha inteligência não dispõe de instrumento assaz fino para apreender essa simplicidade. O ponto matemático é simples, dir-me-ão; mas o ponto matemático não existe realmente.

Dizem ainda que uma ideia é simples, mas tampouco entendo isso. Vejo um cavalo, tenho dele a ideia, mas não vi nele mais que uma reunião de coisas. Vejo uma cor, tenho a ideia da cor; mas essa cor é extensão. Pronuncio os nomes abstratos *cor em geral, vício, virtude, verdade em geral*; mas é que tive conhecimento de coisas coloridas, de coisas que me pareceram virtuosas ou viciosas, verdadeiras ou falsas: exprimo tudo isso por uma palavra, mas não tenho nenhum conhecimento claro da simplicidade; sei tão pouco o que isso é quanto sei o que é um infinito em números efetivamente existentes.

Já convencido de que, não conhecendo o que sou, não posso conhecer o que é o meu autor, minha ignorância me acabrunha a cada instante e eu me consolo refletindo sem cessar que não importa que eu saiba se meu senhor está ou não na extensão, contanto que eu nada faça contra a consciência que ele me deu. De todos os sistemas que os homens inventaram acerca da Divindade, qual será então o que abraçarei? Nenhum outro que não o de adorá-la.

XXIV. Justiça feita a Spinoza e Bayle

Depois de ter mergulhado, com Tales, na água de que ele fazia o seu primeiro princípio, depois de ter-me chamuscado no fogo de Empédocles, depois de ter corrido no vazio em linha reta com os átomos de Epicuro, calculado números com Pitágoras e ouvido sua música; depois de ter apresentado meus respeitos aos andróginos de Platão e tendo passado por todas as regiões da metafísica e da loucura, quis eu enfim conhecer o sistema de Spinoza.

Não é absolutamente novo; é imitado de alguns antigos filósofos gregos, e mesmo de alguns judeus; mas Spinoza fez o que nenhum filósofo grego, e ainda menos nenhum judeu, fez: empregou um método geométrico imponente para fazer uma exposição clara de suas ideias. Vejamos se não se extraviou metodicamente com o fio que o conduz.

Spinoza estabeleceu primeiro uma verdade incontestável e luminosa: Há alguma coisa, portanto existe eternamente um ser necessário. Esse princípio é tão verdadeiro que o profundo Samuel Clarke se serviu dele para provar a existência de Deus.

Esse ser deve encontrar-se em toda parte onde há a existência, pois quem o limitaria?

O FILÓSOFO IGNORANTE

Esse ser necessário é portanto tudo quanto existe: não há pois, em verdade, senão uma única substância no universo.

Essa substância não pode criar outra: pois, já que ela preenche tudo, onde colocar uma substância nova e como criar algo a partir do nada? Como criar a extensão sem colocá-la na própria extensão, a qual existe necessariamente?

Há no mundo o pensamento e a matéria; a substância necessária a que chamamos Deus é, portanto, o pensamento e a matéria. Todo pensamento e toda matéria estão pois compreendidos na imensidade de Deus: não pode haver nada fora dele; ele não pode agir senão dentro de si mesmo: ele compreende tudo, é tudo.

Assim, tudo o que chamamos de *substâncias diferentes* nada mais é, com efeito, do que a universalidade dos diferentes atributos do Ser supremo, que pensa no cérebro dos homens, ilumina na luz, move-se nos ventos, ribomba no trovão, percorre o espaço em todos os astros e vive em toda a natureza.

Ele não está de modo algum, como um vil rei da terra, confinado em seu palácio, separado dos seus súditos; está intimamente unido a eles; eles são partes necessárias dele próprio; se se distinguisse deles, já não seria o ser necessário, já não seria universal, não preencheria todos os lugares, seria um ser à parte, como outro qualquer.

Embora todas as modalidades cambiantes no universo sejam o efeito de seus atributos, ainda assim, segundo Spinoza, não existem partes: pois, diz ele, o infinito não tem partes propriamente ditas; se as tivesse, poder-se-iam ajuntar-lhes outras, e então ele deixaria de ser infinito. Enfim, Spinoza afirma que é preciso amar esse Deus necessário, infinito, eterno; e aqui estão suas próprias palavras[18], p. 45 da edição de 1731:

"Quanto ao amor de Deus, longe de essa ideia poder diminuí-lo, acho que nenhuma outra é mais apropriada para aumentá-lo, já que ela me faz conhecer que Deus é íntimo do meu ser, que ele me dá a existência e todas as minhas propriedades, mas que as dá liberalmente, sem reprimenda, sem interesse, sem me sujeitar a outra coisa que não à minha própria natureza. Ela bane o medo, a inquietude,

---

[18] Ver o artigo DIEU, DIEUX, seção III, nota 3, do *Dictionnaire philosophique*, II, in Voltaire, *Oeuvres complètes*, Garnier, Paris, 1878, tomo XVIII, p. 365.

a desconfiança e todos os defeitos de um amor vulgar e interesseiro. Ela me faz sentir que é um bem que não posso perder e que o possuo tanto melhor quanto o conheço e o amo."

Essas ideias seduziram muitos leitores; houve mesmo os que, tendo a princípio escrito contra ele, aderiram à sua opinião.

Acusou-se o sábio Bayle de haver atacado Spinoza duramente, sem entendê-lo: duramente, concordo; injustamente, não o creio. Seria estranho que Bayle não o tivesse entendido. Ele descobriu facilmente o ponto fraco desse castelo encantado; viu, com efeito, que Spinoza compõe o seu Deus de partes, conquanto seja obrigado a se desdizer, assombrado com seu próprio sistema. Bayle viu como é insensato fazer de Deus astro e abóbora, pensamento e estrume, batente e batido. Viu que essa fábula está muito abaixo da de Proteu. Talvez Bayle devesse ater-se à palavra *modalidades* e não a *partes*, uma vez que é essa palavra, *modalidades*, que Spinoza emprega sempre. Mas é igualmente irrelevante, se não me engano, que o excremento de um animal seja uma modalidade ou uma parte do Ser supremo.

Bayle não combateu, é verdade, as razões pelas quais Spinoza sustenta a impossibilidade da criação; mas é porque a criação propriamente dita é um objeto de fé, e não de filosofia; é porque essa opinião não é de modo algum particular a Spinoza; é porque toda a Antiguidade pensara como ele. Ele ataca apenas a ideia absurda de um Deus simples composto de partes, de um Deus que se come e se digere a si mesmo, que ama e odeia a mesma coisa ao mesmo tempo etc. Spinoza se serve sempre da palavra Deus; Bayle o pega por suas próprias palavras[19].

No fundo, porém, Spinoza não reconhece Deus algum; provavelmente só empregou essa expressão, só disse que cumpre servir e amar a Deus para não amedrontar o gênero humano. Ele parece ateu em toda a força desse termo; não é ateu como Epicuro, que reconhecia deuses inúteis e ociosos; não o é como a maioria dos gregos e dos romanos, que zombavam dos deuses do vulgo: é-o porque não reconhece nenhuma Providência, porque só admite a eternidade, a imensidade e a necessidade das coisas; é-o como Estráton, como Diágoras; não duvida como Pirro: ele afirma, e que afirma ele?

---

[19] Ver, no *Dictionnaire historique et critique* de P. Bayle, o artigo Spinosa.

O FILÓSOFO IGNORANTE

que há apenas uma substância, que não pode haver duas, que essa substância é extensa e pensante; e é isso o que jamais disseram os filósofos gregos e asiáticos que admitiram uma alma universal. Spinoza não fala em nenhum lugar de seu livro dos desígnios marcados que se manifestam em todos os seres. Não examina se os olhos são feitos para ver, os ouvidos para ouvir, os pés para andar, as asas para voar; não considera nem as leis do movimento nos animais e nas plantas, nem sua estrutura adaptada a essas leis, nem a profunda matemática que governa o curso dos astros: teme perceber que tudo quanto existe atesta uma Providência divina; não remonta dos efeitos à sua causa; mas, colocando-se de golpe à testa da origem das coisas, ele constrói o seu romance, como Descartes construiu o dele, sobre uma suposição. Como Descartes, ele supunha o pleno, embora esteja rigorosamente demonstrado que todo movimento é impossível no pleno. Foi isso principalmente que o fez olhar o universo como uma só substância. Ele foi induzido em erro por seu próprio espírito geométrico. Como Spinoza, não podendo duvidar que a inteligência e a matéria existem, não verificou pelo menos se a Providência não arranjou tudo? Como não deu uma olhada nesses mecanismos, nesses meios, que têm, cada um, sua finalidade, e não investigou se eles provam um artesão supremo? Era preciso que fosse ou um físico bem ignorante ou um sofista inflado por um orgulho bem estúpido, para não reconhecer uma Providência todas as vezes que respirava e sentia o coração bater: porque essa respiração e esse movimento do coração são efeitos de uma máquina tão engenhosamente complicada, arranjada com uma arte tão poderosa, dependente de tantos mecanismos que concorrem todos para o mesmo fim, que é impossível imitá-la e é impossível a um homem de bom senso não admirá-la.

Os spinozistas modernos respondem: Não vos assusteis com as consequências que nos imputais; achamos, como vós, uma série de efeitos admiráveis nos corpos organizados e em toda a natureza. A causa eterna está na inteligência eterna que admitimos e que, com a matéria, constitui a universalidade das coisas, que é Deus. Há tão-somente uma substância que age com a mesma modalidade de seu pensamento sobre sua modalidade da matéria e que constitui assim o universo que forma um todo inseparável.

95

Replica-se a essa resposta: Como podeis provar-nos que o pensamento que faz mover os astros, que anima o homem, que faz tudo, seja uma modalidade, e que as dejeções de um sapo ou de um verme sejam uma outra modalidade desse mesmo ser soberano? Ousaríeis dizer que um princípio tão estranho vos está demonstrado? Não estais cobrindo vossa ignorância com palavras que absolutamente não compreendeis? Bayle deslindou muito bem os sofismas de vosso mestre nos rodeios e nas obscuridades do estilo pretensamente geométrico, e na verdade muito confuso, desse mestre. Remeto-vos a ele; filósofos não devem recusar Bayle.

Como quer que seja, observarei que Spinoza se enganava de muito boa-fé. Parece-me que ele só excluía de seu sistema as ideias que podiam prejudicá-lo porque estava demasiado cheio das suas; seguia o seu caminho sem atentar em nada que pudesse atravessá-lo, e é isso o que nos acontece tantas vezes. Há mais, ele derrubava todos os princípios da moral, sendo ele próprio de uma virtude rígida: sóbrio a ponto de beber apenas uma pinta de vinho por mês; desinteressado a ponto de entregar aos herdeiros do infortunado Jan de Witt a pensão de duzentos florins que esse grande homem lhe concedia; generoso a ponto de dar os seus bens; sempre paciente nos males e na pobreza, sempre uniforme na conduta.

Bayle, que tanto o maltratou, tinha de certo modo o mesmo caráter. Ambos buscaram a verdade a vida inteira por caminhos diferentes. Spinoza faz um sistema especioso em certos pontos e bem errôneo no fundo. Bayle combateu todos os sistemas: o que aconteceu com os escritos de ambos? Ocuparam a ociosidade de alguns leitores: a isso todos os escritos se reduzem; e desde Tales até os professores das nossas universidades, e até os mais quiméricos raciocinadores, e até os seus plagiários, nenhum filósofo influenciou sequer os costumes da rua onde morava. Por quê? Porque os homens se conduzem pelo costume, e não pela metafísica. Um único homem eloquente, sagaz e acreditado terá muito poder sobre os homens; cem filósofos não terão nenhum se forem apenas filósofos.

XXV. Dos muitos absurdos

Eis algumas viagens por terras desconhecidas; isso ainda não é nada. Vejo-me como um homem que, tendo errado pelo Oceano, e avistando as ilhas Maldivas de que o mar Índico está semeado, quer visitar todas elas. Minha grande viagem de nada me valeu; vejamos se terei algum ganho na observação dessas ilhotas, que parecem servir apenas para atravancar o caminho.

Há uma centena de cursos de filosofia nos quais me explicam coisas de que ninguém pode ter a menor noção. Este me quer fazer entender a Trindade pela física; diz-me que ela se assemelha às três dimensões da matéria. Deixo-o falar e passo depressa. Aquele pretende convencer-me da transubstanciação, mostrando-me, pelas leis do movimento, como um acidente pode existir sem sujeito e como um mesmo corpo pode estar em dois lugares ao mesmo tempo. Tapo os ouvidos e passo ainda mais depressa.

Pascal, o próprio Blaise Pascal, o autor das *Cartas provinciais*, profere estas palavras[20]: "Achais impossível que Deus seja infinito e sem partes? Quero então mostrar-vos uma coisa indivisível e infinita: é um ponto movendo-se para todos os lados a uma velocidade infinita, pois ele está em todos os lugares, totalmente em cada lugar".

Um ponto matemático que se move! Ó céus! Um ponto que só existe na cabeça do geômetra, que está em toda parte e ao mesmo tempo e que tem uma velocidade infinita, como se a velocidade infinita real pudesse existir! Cada palavra é uma loucura, e foi um grande homem que proferiu essas loucuras!

Vossa alma é simples, incorpórea, intangível, diz-me esse outro; e, como nenhum corpo pode tocá-la, vou provar-vos pela física de Alberto Magno que ela será queimada fisicamente se não fordes da minha opinião; e aqui está como vos provo *a priori*, fortalecendo Alberto Magno pelos silogismos de Abelli[21]. Respondo-lhe que não entendo o seu *a priori*; que acho o seu elogio muito duro; que só a revelação, da qual não se trata entre nós, pode ensinar-me uma coisa tão incompreensível; que lhe permito não ser da minha opinião, sem lhe fazer nenhuma ameaça; e me afasto dele por medo de que me faça uma das suas, pois esse homem me parece assaz maldoso.

---

[20] Ver *Remarques (premières) sur Les pensées de Pascal*, in Voltaire, *Oeuvres complètes*, Garnier, Paris, 1879, tomo XXII, p. 60.
[21] Teólogo francês, 1603-91, autor da *Moelle théologique*.

Uma multidão de sofistas de todos os países e de todas as seitas me acabrunha com argumentos ininteligíveis acerca da natureza das coisas, acerca da minha, acerca do meu estado passado, presente e futuro. Se lhes falam de comer e de beber, de roupas, de moradia, dos gêneros necessários, do dinheiro com o qual se pode adquiri-los, todos se entendem à maravilha; se há algumas pistolas a ganhar, cada um deles é todo empenho, ninguém se engana em um ceitil; e, quando se trata de todo o nosso ser, eles não têm uma ideia clara; o senso comum os abandona. Daí retorno à minha primeira conclusão (*questão IV*), de que o que não pode ser de uso universal, o que não está ao alcance do comum dos homens, o que não é entendido pelos que mais exerceram a sua faculdade de pensar não é necessário ao gênero humano.

XXVI. Do melhor dos mundos cheio de tolices e infelicidades[22]

Correndo para todos os lados com o fito de me instruir, encontrei uns discípulos de Platão. "Vinde conosco", disse-me um deles[23]; "estais no melhor dos mundos; ultrapassamos o nosso mestre. No tempo dele havia apenas cinco mundos possíveis, porque existem apenas cinco corpos regulares; atualmente porém, havendo uma infinidade de universos possíveis, Deus escolheu o melhor; vinde, e estareis bem." Respondi-lhes humildemente: "Os mundos que Deus podia criar eram ou melhores, ou perfeitamente iguais, ou piores: ele não podia escolher o pior; os que eram iguais, supondo-se que os tenha havido, não valiam a preferência: eram inteiramente os mesmos; não se pôde escolher entre eles: tomar um é tomar o outro. É, pois, impossível que ele não tenha escolhido o melhor. Mas como os outros eram possíveis, quando era impossível que existissem?"

Ele me fez belíssimas distinções, assegurando sempre ser este o melhor de todos os mundos realmente impossíveis[24]. Mas, como

---

[22] Essa paráfrase fora incluída por Voltaire em suas *Questions sur l'Encyclopédie*, VIIIª parte, sob o título: MUNDO, *do melhor dos mundos possíveis*. Ver artigo MONDE do *Dictionnaire philosophique*, IV, *in* Voltaire, *Oeuvres complètes, op. cit.,* tomo XX, p. 108.
[23] Malebranche.
[24] Os srs. Desoer e Renouard colocaram *possíveis*. Todos os outros editores deixaram *impossíveis*, que se lê em todas as edições aparecidas em vida do autor. (B.)

O FILÓSOFO IGNORANTE

me sentisse então atormentado pela pedra e sofresse dores insuportáveis, os cidadãos do melhor dos mundos conduziram-me ao hospital vizinho. No caminho, dois desses bem-aventurados habitantes foram detidos por criaturas semelhantes a eles: acorrentaram-nos, um por algumas dívidas, outro por simples suspeita. Não sei se fui levado ao melhor dos hospitais possíveis, mas fui amontoado com dois ou três mil miseráveis que sofriam como eu. Havia ali vários defensores da pátria que me informaram que tinham sido trepanados e dissecados vivos, que lhes haviam cortado braços e pernas e que milhares de seus generosos compatriotas haviam sido massacrados numa das trinta batalhas travadas na última guerra, que é a centésima milésima guerra desde que se conhecem guerras. Viam-se também, nessa casa, umas mil pessoas de ambos os sexos que semelhavam espectros hediondos e que eram friccionadas com um certo metal porque haviam seguido a lei da natureza e porque a natureza havia, não sei como, tomado a precaução de envenenar neles a fonte da vida[25]. Agradeci aos meus dois condutores.

Quando me enfiaram um ferro bem afiado na bexiga e me tiraram algumas pedras dessa pedreira; quando fiquei curado e não me restaram mais que alguns incômodos dolorosos para o resto dos meus dias, fiz minhas reclamações aos meus guias, tomei a liberdade de lhes dizer que existia alguma coisa boa neste mundo, já que me haviam tirado quatro calhaus das minhas entranhas dilaceradas; mas que teria preferido que as bexigas fossem lanternas, e não pedreiras. Falei-lhes das calamidades e dos crimes inumeráveis que cobrem este excelente mundo. O mais intrépido dentre eles, que era um alemão[26], meu compatriota, ensinou-me que tudo isso não passa de bagatela.

"Foi", disse ele, "um grande favor do céu para com o gênero humano o fato de Tarquínio haver violado Lucrécia e Lucrécia ter-se apunhalado: porque os tiranos foram expulsos e porque a violação, o suicídio e a guerra estabeleceram uma república que fez a felicidade dos povos conquistados." Foi-me difícil concordar com essa felicida-

---

[25] Ver *L'homme aux quarante écus*, cap. XI, *in* Voltaire, *Oeuvres complètes, op. cit.*, tomo XXI, p. 352. Ver também de Voltaire, *Cândido*, cap. IV, Martins Fontes, São Paulo, 1990.
[26] Leibniz.

de. Não entendi, em primeiro lugar, qual era a felicidade dos gauleses e dos espanhóis, dos quais, segundo se diz, César fez perecer três milhões. As devastações e as rapinas pareceram-me também uma coisa desagradável; mas o defensor do otimismo não deu o braço a torcer; dizia-me sempre, como o carcereiro de Don Carlos: *Paz, paz, é para o vosso bem*. Enfim, perdendo a paciência, disse-me que não era preciso tomar cuidado nesse glóbulo da Terra, onde tudo caminha de través, mas que na estrela de Sírio, em Órion, no olho do Touro e em outros lugares tudo é perfeito. "Então vamos para lá", disse-lhe eu.

Um pequeno teólogo puxou-me então pelo braço; confiou-me que aquela gente era sonhadora, que não era absolutamente necessário que houvesse mal sobre a Terra, que ela havia sido formada expressamente para que nela não existisse jamais senão o bem. "E, para prová-lo, sabei", disse-me, "que as coisas se passaram assim, outrora, durante dez ou doze dias. – Que pena, meu reverendo padre – respondi-lhe –, que pena que isso não tenha continuado!"

XXVII. Das mônadas

O mesmo alemão reapoderou-se então de mim; doutrinou-me, ensinou-me com clareza o que é minha alma. "Tudo na natureza se compõe de mônadas; vossa alma é uma mônada; e, como ela tem relações com todas as outras mônadas do mundo, ela tem necessariamente ideias sobre tudo o que nele acontece; essas ideias são confusas, o que é muito útil; e vossa mônada, assim como a minha, é um espelho concentrado desse universo.

"Mas não creiais que agis em consequência dos vossos pensamentos. Há uma harmonia preestabelecida entre a mônada da vossa alma e todas as mônadas do vosso corpo, de sorte que, quando vossa alma tem uma ideia, vosso corpo tem uma ação, sem que uma seja a consequência da outra. São dois pêndulos que agem juntos; ou, se quiserdes, isso assemelha-se a um homem que prega enquanto o outro faz os gestos. Concebeis facilmente que deve ser assim no melhor dos mundos. Porque...[27]"

---

[27] O que se chama de sistema das mônadas é, sob vários aspectos, a maneira mais simples de conceber uma grande parte dos fenômenos que nos apresenta a observação dos seres

XXVIII. Das formas plásticas

Como eu não lograsse entender patavina de todas essas admiráveis ideias, um inglês, chamado Cudworth[28], percebeu minha ignorância nos meus olhos fixos, no meu embaraço, na minha cabeça baixa. "Essas ideias", disse-me, "vos parecem profundas porque são ocas. Vou ensinar-vos claramente como age a natureza. Primeiro há a natureza em geral, depois há naturezas plásticas que formam todos os animais e todas as plantas; estais entendendo? – Nem uma palavra, senhor. – Continuemos, pois.

"Uma natureza plástica não é uma faculdade do corpo, é uma substância imaterial que age sem saber o que faz, que é inteiramente cega, que não sente, nem raciocina, nem vegeta; mas a tulipa tem sua forma plástica que a faz vegetar, o cão tem sua forma plástica que o faz ir à caça e o homem tem a sua que o faz raciocinar. Essas formas são os agentes imediatos da divindade; não existem ministros mais fiéis no mundo, porque elas dão tudo e nada retêm para si. Vede que se encontram aí os verdadeiros princípios das coisas e que as naturezas plásticas valem bem a harmonia preestabelecida e as mônadas, que são os espelhos concentrados do universo." Confessei-lhe que um valia efetivamente o outro.

XIX. De Locke

Depois de tantas diligências infelizes, cansado, estafado, envergonhado por ter buscado tantas verdades e encontrado tantas quimeras, voltei a Locke, como o filho pródigo que retorna ao pai; lancei-me entre os braços de um homem modesto, que nunca finge saber o que não sabe; que, em verdade, não possui riquezas imensas,

---

sensíveis e inteligentes. Supondo-se, com efeito, em todos os seres uma igual capacidade de ter ideias, fazendo depender toda a diferença entre eles de suas relações com os outros objetos, concebe-se muito bem como se pode produzir a cada instante um grande número de seres novos com a consciência distinta do *eu*; como esse sentimento pode deixar de existir sem que nada seja aniquilado, despertar depois de ter sido suspenso durante intervalos mais ou menos longos etc. etc. (K.)

[28] Nascido em 1617, falecido em 1688; autor do *Vrai système intellectuel de l'univers* e de um tratado sobre a natureza eterna e imutável do universo.

mas cujos fundos estão bem assegurados e que goza do bem mais sólido sem nenhuma ostentação. Ele me confirma na opinião que sempre tive de que nada nos entra no entendimento a não ser pelos nossos sentidos;

De que não existem noções inatas;

De que não podemos ter a ideia nem de um espaço infinito, nem de um número infinito;

De que eu não penso sempre e de que, por consequência, o pensamento não é a essência, mas a ação do meu entendimento[29];

De que sou livre quando posso fazer o que quero;

De que essa liberdade não pode consistir na minha vontade, visto que, quando permaneço voluntariamente no meu quarto, cuja porta está trancada e da qual não tenho a chave, não tenho a liberdade de sair dali; visto que sofro quando quero não sofrer; visto que com muita frequência não posso recordar minhas ideias quando as quero recordar;

De que, portanto, no fundo é absurdo dizer: *a vontade é livre*, visto que é absurdo dizer: *quero querer essa coisa*; pois é precisamente como se se dissesse: *desejo desejá-la, temo temê-la*; de que, enfim, a vontade não é mais livre do que azul ou quadrada (ver a *questão XIII*);

De que só posso querer em consequência das ideias recebidas em meu cérebro; de que devo por necessidade me determinar, em consequência dessas ideias, uma vez que sem isso eu me determinaria sem razão e haveria um efeito sem causa;

De que não posso ter uma ideia positiva do infinito, já que sou muito finito;

De que não posso conhecer nenhuma substância, porque só posso ter ideias de suas qualidades e porque mil qualidades de uma coisa não podem fazer-me conhecer a natureza íntima dessa coisa, que pode ter cem mil outras qualidades ignoradas;

---

[29] Não está provado que não sentimos nada durante o sono mais profundo; é até muito provável que tenhamos, então, sensações, muito fracas, é verdade, para excitar a atenção ou permanecer na memória, muito mal-ordenadas para formar um sistema coeso ou que possa conformar-se ao das ideias que temos no estado de vigília. Caso contrário seria preciso dizer que a atenção nos faz sentir ou não sentir as impressões que recebemos dos objetos, o que seria talvez ainda mais difícil de conceber. (K.)

O FILÓSOFO IGNORANTE

De que só sou a mesma pessoa na medida em que tiver memória e o sentimento de minha memória: porque, não tendo a menor parte do corpo que me pertencia na minha infância, e não tendo a menor lembrança das ideias que me afetaram nessa idade, torna-se claro que sou tão pouco essa criança quanto sou Confúcio ou Zoroastro. Sou considerado a mesma pessoa pelos que me viram crescer e que sempre estiveram comigo; mas não tenho de modo algum a mesma existência; já não sou o antigo eu-mesmo; sou uma nova identidade, e daí, que singulares consequências!;

De que, enfim, em conformidade com a profunda ignorância de que me convenci acerca dos princípios das coisas, é impossível que eu possa conhecer quais são as substâncias às quais Deus se digna conceder o dom de sentir e de pensar. Com efeito, haverá substâncias cuja essência seja pensar, que pensam sempre e que pensam por si mesmas? Nesse caso tais substâncias, sejam elas quais forem, são deuses: porque não têm nenhuma necessidade do Ser eterno e formador, visto que têm suas essências sem ele, visto que pensam sem ele.

Em segundo lugar, se o Ser eterno concedeu o dom de sentir e de pensar aos seres, ele lhes deu o que não lhes pertencia essencialmente; pôde, portanto, conceder essa faculdade a qualquer ser, seja ele qual for.

Em terceiro lugar, não conhecemos nenhum ser a fundo: portanto é impossível que saibamos se um ser é incapaz ou não de receber o sentimento e o pensamento. As palavras *matéria* e *espírito* são meras palavras; não temos nenhuma noção completa dessas duas coisas: portanto, no fundo, há tanta temeridade em dizer que um corpo organizado pelo próprio Deus não pode receber o pensamento do próprio Deus quanto seria ridículo dizer que o espírito não pode pensar.

Em quarto lugar, suponho que existem substâncias puramente espirituais que nunca tiveram a ideia da matéria e do movimento; serão elas bem recebidas caso se negue que a matéria e o movimento possam existir?

Suponho que a sábia congregação que condenou Galileu[30] como ímpio e absurdo por ter demonstrado o movimento da Terra em

---

[30] Ver *Essai sur les moeurs*, II, cap. cxxi, *in* Voltaire, *Oeuvres complètes, op. cit.*, tomo xii, p. 249.

torno do Sol tivesse algum conhecimento das ideias do chanceler Bacon, que propunha examinar se a matéria é dotada de atração; suponho que o relator desse tribunal tenha exposto a essas graves personagens que havia pessoas suficientemente loucas na Inglaterra para supor que Deus podia dar a toda a matéria, de Saturno até nosso pequeno monte de lama, uma tendência para o centro, uma atração, uma gravitação, que seria absolutamente independente de todo impulso, porquanto o impulso dado por um fluido em movimento age em razão das superfícies, e porquanto essa gravitação age em razão dos sólidos. Não vedes esses juízes da razão humana, e de Deus ele mesmo, ditar em seguida sua detenção, anatematizar essa gravitação que Newton demonstrou depois; pronunciar que isso é impossível para Deus, e declarar que a gravitação para um centro é uma blasfêmia? Sou culpado, parece-me, da mesma temeridade, quando ouso assegurar que Deus não pode fazer sentir e pensar um ser organizado qualquer.

Em quinto lugar, não posso duvidar que Deus concedeu sensações, memória e, por consequência, ideias à matéria organizada nos animais[31]. Por que, pois, negarei que ele possa fazer o mesmo presente a outros animais? Como já foi dito[32], a dificuldade consiste menos em saber se a matéria organizada pode pensar do que em saber como um ser, seja ele qual for, pensa.

O pensamento tem algo de divino; sim, sem dúvida, e é por isso que nunca saberei o que é o ser pensante. O princípio do movimento é divino, e nunca saberei a causa desse movimento cujas leis todos os meus membros executam.

O filho de Aristóteles atraía para a sua boca o seio que ele sugava, formando precisamente com sua língua, que ele contraía, uma má-

---

[31] As mesmas provas que estabelecessem a imaterialidade da alma humana serviriam para provar com a mesma força a imaterialidade da alma dos animais. Assim essa razão só pode ser aduzida contra os filósofos que acreditam que a alma humana e a dos animais são de uma natureza essencialmente diferente. Ver *Il faut prendre un parti ou Le principe d'action*, § X, *in* Voltaire, *Oeuvres complètes*, Paris, Garnier, 1879, tomo XXVIII. (K.)
[32] Em 1741, ver *Éléments de la philosophie de Newton*, cap. VI, *in* Voltaire, *Oeuvres complètes*, Garnier, Paris, 1879, tomo XXII, p. 422; em 1751, ver o artigo ÂME, seção IX do *Dictionnaire philosophique*, I, *in* Voltaire, *Oeuvres complètes*, Garnier, Paris, 1878, tomo XVII, p. 155..

quina pneumática, bombeando o ar e formando o vazio, enquanto seu pai nada sabia de tudo isso e dizia irrefletidamente que a natureza abomina o vazio.

O filho de Hipócrates, com quatro anos, provava a circulação do sangue passando o dedo sobre a mão, e Hipócrates não sabia que o sangue circulava.

Nós somos esses filhos, todos nós; operamos coisas admiráveis, e nenhum dos filósofos sabe como elas se operam.

Em sexto lugar, eis as razões, ou antes, as dúvidas que me fornece a minha faculdade intelectual sobre a modesta asserção de Locke. Mais uma vez, não digo que é a matéria que pensa em nós; digo, como ele, que não cabe a nós afirmar que seja impossível para Deus fazer a matéria pensar, que é absurdo afirmá-lo e que não compete a minhocas limitar o poder do Ser supremo.

Em sétimo lugar, acrescento que essa questão é absolutamente estranha à moral, porque, quer a matéria possa pensar ou não, quem quer que pense deve ser justo, porque o átomo a quem Deus tiver dado o pensamento pode merecer ou desmerecer, ser punido ou recompensado e durar eternamente, assim como o ser desconhecido chamado outrora de *sopro* e hoje de *espírito*, do qual temos menos noção ainda do que de um átomo.

Bem sei que os que acreditaram que só o ser denominado *sopro* podia ser suscetível de sentir e de pensar perseguiram[33] os que tomaram o partido do sábio Locke e que não ousaram limitar o poder de Deus à animação apenas desse sopro. Mas, quando o universo inteiro acreditava que a alma era um corpo leve, um sopro, uma substância de fogo, teria sido justo perseguir os que nos vieram ensinar que a alma é imaterial? Todos os Padres da Igreja, que acreditaram na alma como um corpo sutil, teriam tido razão em perseguir os outros Padres que trouxeram aos homens a ideia da imaterialidade perfeita? Não, sem dúvida, porque o perseguidor é abominável: todos os que admitem a imaterialidade perfeita sem compreendê-la tiveram de tolerar os que a rejeitavam porque não

---

[33] Em 1734, Voltaire fora perseguido por suas *Lettres philosophiques*, onde elogiara Locke. Ver *Lettres philosophiques*, XIII, in Voltaire, *Oeuvres complètes*, Garnier, Paris, 1879, tomo XXII, p. 121.

a compreendiam. Os que recusaram a Deus o poder de animar o ser desconhecido chamado *matéria* tiveram de tolerar os que não ousaram despojar Deus desse poder: pois é indecoroso odiar-se por causa de silogismos.

XXX. O pouco que se sabe

Contei, pois, com Locke e comigo mesmo e me vi possuidor de quatro ou cinco verdades, desembaraçado de uma centena de erros e carregado de uma imensa quantidade de dúvidas. Disse em seguida a mim mesmo: Essas poucas verdades que adquiri por minha razão serão entre minhas mãos um bem estéril se eu não puder encontrar nelas algum princípio de moral. É belo que um animal tão débil como o homem tenha se elevado ao conhecimento do senhor da natureza; mas isso não me servirá mais do que a ciência da álgebra se eu não tirar daí alguma regra para a conduta de minha vida.

XXXI. Há uma moral?

Quanto mais vi os homens diferenciarem-se pelo clima, pelos costumes, pela linguagem, pelas leis, pelo culto e pela medida de sua inteligência, tanto mais observei que todos eles têm o mesmo fundo de moral; todos têm uma noção rudimentar do justo e do injusto, sem saber uma palavra de teologia; todos adquiriram essa mesma noção na idade em que a razão se desenvolve, assim como todos adquiriram naturalmente a arte de levantar fardos com bastões e de atravessar um riacho sobre um pedaço de madeira, sem ter aprendido matemática.

Pareceu-me pois que essa ideia do justo e do injusto lhes era necessária, já que todos concordavam nesse ponto tão logo se tornavam capazes de agir e raciocinar. A inteligência suprema que nos formou quis, pois, que houvesse justiça sobre a Terra para que nela possamos viver por certo tempo. Parece-me que, não tendo nem instinto para nos alimentar como os animais, nem armas naturais como eles e vegetando muitos anos na imbecilidade de uma infância exposta a todos os perigos, os poucos homens que tivessem escapado aos dentes dos animais ferozes, à fome e à miséria ter-se-iam ocupado em disputar algum alimento e algumas peles de animais e logo se teriam destruído como os filhos do dragão de Cadmo assim que pudessem servir-se de uma arma qualquer. Por certo não teria havido sociedade alguma se os homens não houvessem concebido a ideia de alguma justiça, que é o vínculo de toda sociedade. Como o egípcio que erigia pirâmides e obeliscos, e o cita errante que não conhecia nem mesmo as cabanas, teriam eles tido as mesmas noções fundamentais do justo e do injusto se Deus não tivesse dado a ambos, desde sempre, essa razão que, ao se desenvolver, lhes faz perceber os mesmos princípios necessários, assim como lhes deu órgãos que, tendo alcançado o grau de sua energia, perpetuam necessariamente e da mesma forma a raça do cita e do egípcio? Vejo uma horda bárbara[34], ignorante, supersticiosa, um povo sanguinário e agiota, que em seu linguajar não tinha sequer um termo para significar a geometria e a astronomia; no entanto esse povo tem as mesmas leis fundamentais do sábio caldeu que conheceu as estradas dos astros e do fenício mais douto ainda que se serviu do conhecimento dos astros para ir fundar colônias naqueles confins do hemisfério onde o oceano se confunde com o Mediterrâneo. Todos esses povos asseguram que é preciso respeitar pai e mãe; que o perjúrio, a calúnia, o homicídio são abomináveis. Tiram, pois, as mesmas consequências do mesmo princípio de sua razão desenvolvida.

XXXII. Há o justo e o injusto?

A noção de algo justo parece-me tão natural, tão universalmente adquirida por todos os homens que se pode considerá-la independente de qualquer lei, de qualquer pacto, de qualquer religião. Se eu cobrar a um turco, a um guebro, a um malabar o dinheiro que lhe emprestei para se alimentar e se vestir, nunca lhe dará na cabeça responder-me: Esperai eu saber se Maomé, Zoroastro ou Brama ordenam que eu vos devolva vosso dinheiro. Ele convirá em que é justo que me pague, e se não o fizer será porque sua pobreza ou sua avareza prevalecerão sobre a justiça que ele reconhece.

---

[34] O povo judeu. (B.)

Acredito que não há nenhum povo no qual seja justo, belo, conveniente e honesto recusar alimento ao pai e à mãe quando lhes pudermos dá-lo; que nenhuma tribo jamais pôde encarar a calúnia como uma boa ação, nem mesmo uma súcia de carolas fanáticos. A ideia de justiça me parece a tal ponto uma verdade de primeira ordem, à qual todo o universo dá seu assentimento, que os maiores crimes que afligem a sociedade humana são todos cometidos sob um falso pretexto de justiça. O maior dos crimes, pelo menos o mais destrutivo e por conseguinte o mais oposto aos desígnios da natureza, é a guerra; mas não há nenhum agressor que não matize esse delito com o pretexto da justiça.

Os depredadores romanos faziam declarar todas as suas invasões justas por sacerdotes chamados *Feciales*. Todo facínora que se encontra à frente de um exército começa os seus furores por um manifesto e dirige súplicas ao deus dos exércitos.

Os próprios pequenos ladrões, quando associados, evitam dizer: Vamos roubar, vamos arrancar à viúva e ao órfão o seu alimento; eles dizem: Sejamos justos, vamos retomar os nossos bens das mãos dos ricos que deles se apoderaram. Têm entre si um dicionário que se chegou a imprimir já no século XVI, e nesse vocabulário, que eles chamam de *argot*[35], não existem as palavras *roubo, furto, rapina*; eles se servem dos termos que correspondem a *ganhar, retomar*.

A palavra *injustiça* nunca é pronunciada num conselho de Estado onde se propõe o mais injusto dos homicídios; os conspiradores, mesmo os mais sanguinários, jamais disseram: Cometamos um crime. Todos eles dizem: Vinguemos a pátria dos crimes do tirano; punamos o que nos parece uma injustiça. Numa palavra, aduladores covardes, ministros bárbaros, conspiradores odiosos, ladrões mergulhados na iniquidade, todos rendem homenagem, a seu pesar, à própria virtude que esmagam com os pés.

Sempre me espantou que, entre os franceses, que são esclarecidos e civilizados, se tenham tolerado no teatro estas máximas tão

---

[35] *Le jargon, ou Langage de l'argot réformé.* Paris, viúva Du Carroy, *in-12*, sem data. A viúva Du Carroy era editora em 1617. Grandval publicou um *Dictionnaire argot-français* e um *Dictionnaire français-argot*, na sequência de seu poema intitulado *Le vice puni, ou Cartouche*, 1726, *in-8º*.

terríveis quanto falsas que se encontram na primeira cena de *Pompeu* e que são muito mais desmedidas do que as de Lucano, de quem são imitadas:

A justiça e o direito são ideias vãs...
O direito dos reis consiste em nada poupar.

E colocam-se essas palavras abomináveis na boca de Fotino, ministro do jovem Ptolomeu. Mas é precisamente por ser ministro que ele devia dizer exatamente o contrário; devia representar a morte de Pompeu como uma infelicidade necessária e justa.

Acredito, pois, que as ideias do justo e do injusto são tão claras, tão universais quanto as de saúde e doença, de verdade e falsidade, de conveniência e inconveniência. Os limites do justo e do injusto são muito difíceis de estabelecer; como o estado médio entre a saúde e a doença, entre o que é conveniência e inconveniência das coisas, entre o falso e o verdadeiro, é difícil de fixar. São matizes que se mesclam, mas as cores berrantes impressionam todos os olhos. Por exemplo, todos os homens confessam que se deve devolver o que se recebeu emprestado; mas, se eu sei com certeza que aquele a quem devo dois milhões os usará para escravizar minha pátria, devo devolver-lhe essa arma funesta? Eis onde os sentimentos se dividem; mas em geral devo observar o meu juramento quando dele não advém nenhum mal: eis uma coisa da qual ninguém jamais duvidou[36].

---

[36] A ideia da justiça, do direito, se forma necessariamente da mesma maneira em todos os seres sensíveis e capazes das combinações necessárias para adquirir essas ideias. Elas serão, pois, uniformes. Em seguida pode suceder que alguns seres raciocinem mal de acordo com essas ideias, alterem-nas misturando-lhes ideias acessórias etc., da mesma forma que esses mesmos seres podem enganar-se sobre outros objetos; mas, visto que todo ser que raciocine corretamente será conduzido às mesmas ideias em moral como em geometria, não é menos verdadeiro que essas ideias não são de modo algum arbitrárias, mas certas e invariáveis. Elas são, com efeito, a consequência necessária das propriedades dos seres sensíveis e capazes de raciocinar; derivam da natureza deles, de sorte que basta supor a existência desses seres para que as proposições fundadas nessas noções sejam verdadeiras, como basta supor a existência de um círculo para estabelecer a verdade das proposições que desenvolvem as diferentes propriedades desse mesmo círculo. Assim, a realidade das proposições morais, sua verdade relativamente ao estado dos seres reais, dos homens, depende unicamente dessa verdade de fato: Os homens são seres sensíveis e inteligentes. (K.)

XXXIII. Consentimento universal é prova da verdade?

Pode-se objetar que o consentimento dos homens de todos os tempos e de todos os países não é uma prova da verdade. Todos os povos acreditaram na magia, nos sortilégios, nos endemoninhados, nas aparições, nas influências dos astros, e cem outras tolices semelhantes: não poderia suceder o mesmo com o justo e o injusto? Parece-me que não. Primeiro, é falso que todos os homens tenham acreditado nessas quimeras. Elas eram, na verdade, o alimento da imbecilidade do vulgo, e há o vulgo dos grandes e o vulgo do povo; mas uma multidão de sábios sempre zombou disso: esse grande número de sábios, ao contrário, sempre admitiu o justo e o injusto tanto quanto o povo e até mais que ele.

A crença nos feiticeiros, nos endemoninhados etc. está bem longe de ser necessária ao gênero humano; a crença na justiça é de uma necessidade absoluta: portanto ela é um desenvolvimento da razão concedida por Deus, e a ideia dos feiticeiros e dos possessos etc. é, ao contrário, uma perversão dessa mesma razão.

XXXIV. Contra Locke o estimando muito

Locke, que me instruiu e me ensinou a desconfiar de mim mesmo, não se engana às vezes como eu? Ele quer provar a falsidade das ideias inatas, mas não acrescenta uma razão bem má a outras muito boas? Confessa que não é justo fazer cozinhar o próximo numa caldeira e comê-lo. Diz, entretanto, que houve nações de antropófagos e que essas criaturas pensantes não teriam comido homens se houvessem tido ideias do justo e do injusto, que eu suponho necessárias à espécie humana. (Ver a *questão XXXVI.*)

Sem entrar aqui na questão de saber se houve com efeito nações de antropófagos[37], sem examinar os relatos do viajante Dampier[38],

---

[37] Ver no *Essai sur les moeurs et l'esprit des nations,* in Voltaire, *Oeuvres complètes, op. cit.,* tomo XII, a nota 3 da página 389, e no *Dictionnaire philosophique,* tomo XVII, o artigo ANTHROPOPHAGES.

[38] Dampier (edição original), e não Dampierre, como o imprime Beuchot, navegador inglês que publicou, em 1697, uma *Viagem ao redor do mundo,* e, em 1701, uma *Viagem à Nova Holanda.*

que percorreu toda a América e que jamais as viu, mas que, ao contrário, foi recebido entre todos os selvagens com a maior humanidade, eis o que eu respondo:

Vencedores comeram seus escravos capturados na guerra: acreditaram estar praticando uma ação muito justa; acreditaram ter sobre eles direito de vida e morte; e, como tinham poucas iguarias para a sua mesa, acreditaram que lhes era permitido alimentar-se do fruto de sua vitória. Foram, nisso, mais justos que os triunfadores romanos, que mandavam estrangular, sem nenhum fruto, os príncipes escravos que traziam acorrentados ao seu carro triunfal. Os romanos e os selvagens tinham uma ideia muito falsa da justiça, confesso-o; mas, enfim, ambos acreditavam agir com justiça, e isso é tão verdadeiro que os mesmos selvagens, quando admitiram seus cativos em sua sociedade, viam-nos como filhos, e que esses mesmos antigos romanos deram mil admiráveis exemplos de justiça.

XXXV. Ainda contra Locke

Concordo, com o sábio Locke, em que não existe nenhuma noção inata, nenhum princípio de prática inato: essa é uma verdade tão constante quanto é evidente que as crianças teriam todas uma noção clara de Deus se tivessem nascido com essa ideia e que todos os homens estariam de acordo quanto a essa mesma noção, acordo que jamais se viu. Não menos evidente é que não nascemos com princípios desenvolvidos de moral, visto que não se sabe como uma nação inteira poderia rejeitar um princípio de moral que estivesse gravado no coração de cada indivíduo dessa nação.

Suponho que todos nós nascemos com o bem-desenvolvido princípio moral segundo o qual não se deve perseguir ninguém por sua maneira de pensar: como povos inteiros teriam sido perseguidores? Suponho que cada homem traz em si a lei evidente que ordena ser fiel ao seu juramento: como todos esses homens reunidos em corporações terão estatuído que não se deve manter a palavra com heréticos? Repito ainda que, em vez dessas ideias inatas quiméricas, Deus nos deu uma razão que se fortalece com a idade e que nos ensina a todos, quando somos atentos, sem paixão, sem preconceito, que existe um Deus e que é preciso ser justo; mas não posso admitir as consequências que Locke tira daí. Parece que ele se aproxima em demasia do sistema de Hobbes, do qual, no entanto, se encontra muito longe.

Eis as suas palavras, no primeiro livro do *Ensaio sobre o entendimento humano*: "Considerai uma cidade tomada de assalto e vede se aparece no coração dos soldados, animados pela carnificina e pelo butim, alguma consideração pela virtude, algum princípio de moral, algum remorso por todas as injustiças que cometem." Não, eles não têm nenhum remorso, e por quê? É que acreditam agir justamente. Nenhum deles supôs injusta a causa do príncipe pelo qual vão combater: arriscam sua vida por essa causa; honram o contrato que fizeram; podiam ser mortos no assalto: por isso acreditam estar no direito de matar; podiam ser despojados: por isso acham que podem despojar. Acrescentai que estão na embriaguez do furor, que não raciocina; e, para vos provar que eles não rejeitaram de modo algum a ideia do justo e do honesto, basta proporeis a esses mesmos soldados muito mais dinheiro do que a pilhagem da cidade lhes pode proporcionar, moças mais belas do que as que eles violaram, desde que, em vez de degolar, em seu furor, três ou quatro mil inimigos que ainda oferecem resistência e que podem matá-los, eles possam ir degolar o seu rei, seu chanceler, seus secretários de Estado e seu capelão-mor: não encontrareis entre esses soldados um só que não rejeite vossas ofertas com horror. No entanto, lhes estais propondo seis homicídios em vez de quatro mil, e lhes ofereceis uma muito boa recompensa. Por que eles a recusam? É porque consideram justo matar quatro mil inimigos e porque o assassínio de seu soberano, ao qual fizeram juramento, lhes parece abominável.

Locke continua e, para melhor provar que nenhuma regra de prática é inata, fala dos mingrelianos, que se comprazem, diz ele, em enterrar seus filhos vivos, e dos caraíbas, que castram os seus para melhor engordá-los e comê-los.

Já se observou em outro lugar[39] que esse grande homem foi muito crédulo em relação a essas fábulas; Lambert[40], que é o único a

---

[39] Ver *Élements de la philosophie de Newton*, cap. V, *in* Voltaire, *Oeuvres complètes, op. cit.*, tomo XXII, p. 418.

[40] Jesuíta, autor de um *Recueil d'observations curieuses sur les moeurs, les coutumes, les arts et les sciences des différents peuples de l'Asie, de l'Afrique et de l'Amérique*, 1749.

imputar aos mingrelianos o enterrar seus filhos vivos para se divertir, não é um autor muito acreditado.

Chardin[41], viajante que passa por veraz e que foi resgatado na Mingrélia, falaria desse horrível costume se ele existisse; e não seria suficiente que o dissesse para ser acreditado; seria preciso que vinte viajantes, de nações e religiões diferentes, concordassem em afirmar um fato tão estranho para que dele se tivesse uma certeza histórica.

O mesmo se diga das mulheres das Antilhas, que castravam seus filhos para comê-los: isso não está na natureza de nenhuma mãe.

O coração humano não é feito dessa maneira; castrar os filhos é uma operação muito delicada, muito perigosa, que, longe de engordá-los, os emagrece pelo menos durante todo um ano e não raro os mata. Esse requinte jamais esteve em uso senão entre alguns grandes que, pervertidos pelo excesso de luxo e pelo ciúme, imaginaram ter eunucos para servir suas mulheres e suas concubinas. Só foi adotado na Itália, e na capela do papa, para conseguir cantores cuja voz fosse mais bela que a das mulheres. Mas nas Antilhas não é de presumir-se que alguns selvagens tenham inventado o requinte de castrar os meninos para fazer deles um bom prato; e, ademais, que teriam feito de suas meninas?

Locke menciona ainda os santos da religião maometana que se acasalam devotamente com suas jumentas para não serem tentados a cometer a menor fornicação com as mulheres do país. É preciso colocar esses contos ao lado daquele do papagaio que teve uma belíssima conversação em língua brasileira com o príncipe Maurício, conversação que Locke teve a simplicidade de relatar, sem suspeitar que o intérprete do príncipe pudera zombar dele. É assim que o autor do *Espírito das leis* se diverte em citar pretensas leis de Tunquin, de Bantam, de Bornéu, de Formosa, com base no testemunho de alguns viajantes mentirosos ou mal-instruídos. Locke e ele são dois grandes homens em quem essa simplicidade não me parece desculpável.

---

[41] Seu *Voyage en Perse* foi publicado, mas incompleto, em 1686.

XXXVI. A natureza é sempre a mesma?

Abandonando Locke neste ponto, digo com o grande Newton: "*Natura est semper sibi consona*" ("A natureza é sempre semelhante a si mesma"). A lei da gravitação que atua sobre um astro atua sobre todos os astros, sobre toda a matéria: assim a lei fundamental da moral atua igualmente sobre todas as nações bem conhecidas. Há mil diferenças nas interpretações dessa lei, em mil circunstâncias; mas o fundo permanece sempre o mesmo, e esse fundo é a ideia do justo e do injusto. Comete-se um número prodigioso de injustiças nos furores das paixões, como se perde a razão na embriaguez; mas, passada a embriaguez, a razão retorna, e essa é, a meu ver, a única causa que faz subsistir a sociedade humana, causa subordinada à necessidade que temos uns dos outros.

Como, pois, adquirimos a ideia da justiça? Como adquirimos a da prudência, da verdade, da conveniência: pelo sentimento e pela razão. É impossível não considerarmos sumamente imprudente a ação de um homem que se atirasse ao fogo para se fazer admirar e que esperasse sair ileso desse ato. É impossível não acharmos extremamente injusta a ação de um homem que mata outro num momento de cólera. A sociedade funda-se nessas noções, que ninguém arrancará jamais do nosso coração; e é por isso que toda sociedade subsiste, ainda que submetida a alguma superstição bizarra e horrível.

Com que idade conhecemos o justo e o injusto? A idade em que sabemos que dois e dois são quatro.

XXXVII. Sobre Hobbes

Profundo e bizarro filósofo, bom cidadão, espírito ousado, inimigo de Descartes, tu que te enganaste como ele, tu, cujos erros em física são grandes e perdoáveis porque vieste antes de Newton, tu que disseste verdades que não compensam teus erros, tu que foste o primeiro a mostrar a quimera das ideias inatas, tu que foste o precursor de Locke em várias coisas, mas que o foste também de Spinoza, é em vão que espantas os teus leitores quase conseguindo lhes provar que não há no mundo leis outras que não as da convenção; que não existe justo nem injusto senão no que se convencionou chamar tal num país. Se te tivesses encontrado a sós com Cromwell numa ilha deserta, e se Cromwell te tivesse querido matar por haveres tomado o partido do teu rei na ilha de Inglaterra, esse atentado não te teria parecido tão injusto na nova ilha quanto o seria na tua pátria?

Dizes que na lei da natureza, "todos tendo direito a tudo, cada qual tem direito sobre a vida de seu semelhante". Não estás confundindo o poder com o direito? Pensas, com efeito, que o poder dá o direito e que um filho robusto nada tem a se reprovar por haver assassinado o seu pai debilitado e decrépito? Quem quer que estude a moral deve começar por refutar o teu livro em seu cerne, mas teu próprio coração te refutaria ainda mais: porque foste virtuoso como Spinoza e não deixaste, como ele, de ensinar os verdadeiros princípios da virtude, que praticavas e recomendavas aos outros.

XXXVIII. Moral universal, apesar de Hobbes

A moral me parece tão universal, tão calculada pelo Ser universal que nos formou, tão destinada a servir de contrapeso às nossas paixões funestas e a aliviar as penas inevitáveis desta curta vida que, desde Zoroastro até Lord Shaftesbury, vejo todos os filósofos ensinando a mesma moral, ainda que tenham ideias diferentes acerca dos princípios das coisas. Vimos que Hobbes, Spinoza e o próprio Bayle, que ou negaram os primeiros princípios ou deles duvidaram, recomendaram fortemente, não obstante, a justiça e todas as virtudes.

Cada nação teve ritos religiosos particulares, e com muita frequência absurdas e revoltantes opiniões em metafísica, em teologia; mas, quando se trata de saber se é preciso ser justo, todo o universo se põe de acordo, como dissemos na *questão XXXVI* e como nunca será demais repetir.

XXXIX. Sobre Zoroastro, o que quer que haja de Zoroastro distante de Hobbes[42]

Não vou examinar em que época nasceu Zoroastro, a quem os persas deram nove mil anos de antiguidade, assim como Platão aos antigos atenienses. Vejo apenas que seus preceitos de moral se conservaram até os nossos dias: são traduzidos da antiga língua dos magos para a língua vulgar dos guebros, e parece, pelas alegorias pueris, pelas observâncias ridículas, pelas ideias fantásticas de que essa compilação está repleta, que a religião de Zoroastro é da mais alta Antiguidade. É aí que se encontra o substantivo *jardim* para exprimir a recompensa dos justos; vê-se aí o princípio do mal sob o nome de Satã, que os judeus também adotaram. Encontra-se aí o mundo formado em seis estações ou em seis épocas. Aí se ordena recitar um *Abunavar* e um *Ashim vuhu* por intenção dos que espirram.

Mas, enfim, nessa compilação de cem portas ou preceitos tirados do livro do *Zend* e onde se referem as próprias palavras do antigo Zoroastro, que deveres morais se prescrevem?

O de amar, de acudir pai e mãe, de dar esmola aos pobres, de nunca faltar à palavra, de abster-se quando se está na dúvida sobre se a ação que se vai praticar é justa ou não. (*Porta 30.*)

Detenho-me nesse preceito porque nenhum legislador jamais pôde ir além dele; e confirmo minha ideia de que, quanto mais Zoroastro estabeleceu superstições ridículas como matéria de culto, mais a pureza de sua moral fez ver que não seria ele quem a corromperia; que quanto mais ele se entregava ao erro em seus dogmas, mais lhe era impossível errar ao ensinar a virtude.

XL. Sobre os Brâmanes

É provável que os brâmanes ou bracmanes existiam muito tempo antes que os chineses tivessem os seus *cinco reis*, e o que fundamenta essa extrema probabilidade é que na China as antiguidades

---

[42] Ver também o artigo ZOROASTRE do *Dictionnaire philosophique*, IV, *in* Voltaire, *Oeuvres complètes, op. cit.*, tomo XX.

O FILÓSOFO IGNORANTE

mais procuradas são indianas e que na Índia não existem antiguidades chinesas.

Esses antigos brâmanes eram sem dúvida tão maus metafísicos, tão ridículos teólogos quanto os caldeus, os persas e todas as nações que ficam a oeste da China. Mas que sublimidade na moral! Segundo eles, a vida não passava de uma morte de alguns anos, após a qual se viveria com a Divindade. Não se limitavam a ser justos para com os outros, mas eram rigorosos para consigo mesmos; o silêncio, a abstinência, a contemplação, a renúncia a todos os prazeres eram seus principais deveres. Por isso todos os sábios das outras nações dirigiam-se a eles para aprender o que se chamava de *sabedoria*.

XLI. Sobre Confúcio que chamamos Confucius

Os chineses não tiveram nenhuma superstição, nenhum charlatanismo a se censurar, como os outros povos. O governo chinês mostrava aos homens há bem mais de quatro mil anos, e o mostra ainda que se pode regê-los sem os enganar; que não é pela mentira que se serve ao Deus de verdade; que a superstição é não somente inútil como prejudicial à religião. Nunca a adoração de Deus foi tão pura e tão santa quanto na China (*excetuada a revelação*). Não falo das seitas do povo, falo da religião do príncipe, da de todos os tribunais e de tudo o que não é populaça. Qual é, volvidos tantos séculos, a religião de todos os homens de bem na China? Ei-la: *Adorai o céu e sede justo*. Nenhum imperador teve outra.

Com frequência se coloca o grande Kong-fu-tse, que chamamos de Confúcio[43], entre os antigos legisladores, entre os fundadores de religiões; é um grande equívoco. Kong-fu-tse é muito moderno; viveu apenas seiscentos e cinquenta anos antes da nossa era. Nunca instituiu nenhum culto, nenhum rito; jamais se declarou inspirado ou profeta; tudo o que fez foi reunir num corpo as antigas leis da moral.

Ele convida os homens a perdoar as ofensas e a não se lembrar senão dos benefícios;

---

[43] Ver *Essai sur les moeurs*, I, cap. II, "Religion de la Chine", *in* Voltaire, *Oeuvres complètes, op. cit.*, tomo XI, p. 176; e o artigo DE LA CHINE na seção I do *Dictionnaire philosophique* II, *in* Voltaire, *Oeuvres complètes, op. cit.*, tomo XVIII, p. 150.

A vigiar a si mesmo sem cessar, a corrigir hoje os erros de ontem; A reprimir as paixões e a cultivar a amizade; a dar sem ostentação e a receber apenas o estritamente necessário, sem baixeza.

Não diz que não devemos fazer a outrem o que não queremos que se faça a nós mesmos: isso é apenas proibir o mal; faz mais, recomenda o bem: "Trata a outrem como queres que te tratem."

Ensina não somente a modéstia mas também a humildade; recomenda todas as virtudes.

XLII. Sobre Pitágoras

Todos os filósofos gregos disseram tolices em física e em metafísica. Todos são excelentes na moral; todos igualam Zoroastro, Kong-fu-tse e os brâmanes. Lede somente os *Versos dourados* de Pitágoras, que são a síntese de sua doutrina, não importa de que punho sejam. Dizei-me se uma só virtude está ali esquecida.

XLIII. Sobre Zaleucos, artigo de que é necessário tirar seu proveito

Reuni todos os vossos lugares-comuns, pregadores gregos, italianos, espanhóis, alemães, franceses etc.; que se destilem todas as vossas declamações: será que se tirará deles uma súmula que seja mais pura do que o exórdio das leis de Zaleuco?

"Dominai vossa alma, purificai-a, afastai todo pensamento criminoso. Crede que Deus não pode ser bem servido pelos perversos; crede que ele não se assemelha aos frágeis mortais, a quem os louvores e os presentes seduzem: só a virtude pode agradar-lhe."

Eis a síntese de toda moral e de toda religião.

XLIV. Sobre Epicuro, mais estimado do que se acredita

Pedantes de colégio, pequenos mestres de seminário acreditaram, com base em alguns gracejos de Horácio e Petrônio, que Epicuro ensinara a volúpia pelos preceitos e pelo exemplo. Epicuro foi durante toda a vida um filósofo sábio, comedido e justo. Desde a idade de doze a treze anos ele foi sábio: pois, quando o gramático que o instruía lhe recitou este verso de Hesíodo:

O caos foi o primeiro de todos os seres a ser produzido,

"Mas quem o produziu", diz Epicuro, "se ele era o primeiro? – Isso eu não sei", diz o gramático; "só os filósofos o sabem. – Então eu vou instruir-me com eles", replicou o menino; e desde então, até a idade de setenta e dois anos, ele cultivou a filosofia. Seu testamento, que Diógenes Laércio nos conservou por inteiro, mostra uma alma serena e justa; ele liberta os escravos que acredita merecerem essa graça; recomenda aos seus executores testamentários dar liberdade aos que dela se fizerem dignos. Nada de ostentação, nada de preferência injusta; é a última vontade de um homem que jamais teve outras que não fossem razoáveis. Foi o único de todos os filósofos que teve por amigos todos os seus discípulos, e sua seita foi a única onde se soube amar e que não se subdividiu em muitas outras.

Parece, depois de se haver examinado a sua doutrina e o que se escreveu a favor dele e contra ele, que tudo se reduz à disputa entre Malebranche e Arnauld. Malebranche reconhecia que o prazer torna feliz, Arnauld negava-o; era uma disputa de palavras, como tantas outras nas quais a filosofia e a teologia trazem a sua incerteza, cada qual do seu lado.

XLV. Sobre os Estoicos

Se os epicureus tornaram a natureza humana amável, os estoicos fizeram-na quase divina. Resignação ao Ser dos seres, ou antes, elevação da alma até esse Ser; desprezo do prazer, desprezo até mesmo da dor, desprezo da vida e da morte, inflexibilidade na justiça: tal era o caráter dos verdadeiros estoicos, e tudo quanto se pôde dizer contra eles é que desencorajavam o resto dos homens.

Sócrates, que não era da seita deles, mostrou que se podia levar a virtude tão longe quanto eles sem ser de nenhum partido; e a morte desse mártir da Divindade é o eterno opróbrio de Atenas, embora ela se tenha arrependido disso.

O estoico Catão é, de um outro lado, a eterna honra de Roma. Epicteto, na escravidão, é talvez superior a Catão pelo fato de estar sempre contente com sua miséria. "Estou", diz ele, "no lugar onde a Providência quis que eu estivesse; queixar-me seria injuriá-la."
Direi que o imperador Antonino está ainda acima de Epicteto, porque triunfou de mais seduções e porque era bem mais difícil a um imperador não se corromper do que a um pobre não murmurar? Lede os *Pensamentos* de ambos: o imperador e o escravo vos parecerão igualmente grandes.
Ousarei falar aqui do imperador Juliano[44]. Ele errou quanto ao dogma, mas decerto não errou quanto à moral. Numa palavra, não houve nenhum filósofo na Antiguidade que não tenha querido tornar os homens melhores.
Houve pessoas entre nós que disseram que todas as virtudes desses grandes homens não passavam de pecados ilustres[45]. Possa a terra estar coberta de tais culpados!

XLVI. A filosofia é uma virtude?

Houve sofistas que foram para os filósofos o que os macacos são para os homens. Luciano escarneceu deles; foram desprezados: eles foram mais ou menos o que foram os monges mendicantes nas universidades. Mas não esqueçamos jamais que todos os filósofos deram grandes exemplos de virtude e que todos os sofistas, e mesmo os monges, respeitaram a virtude em seus escritos.

XLVII. Sobre Esopo

Colocarei Esopo entre esses grandes homens, e mesmo à frente desses grandes homens, seja porque ele foi o Pilpai dos indianos, ou

---

[44] Ver o artigo APOSTAT do *Dictionnaire philosophique*, I, *in* Voltaire, *Oeuvres complètes, op. cit.*, tomo XVII, p. 316; o artigo JULIEN do *Dictionnaire philosophique*, III, *in Oeuvres complètes, op. cit.*, tomo XIX, p. 541. Ver também *Le portrait de l'empereur Julien*, *Oeuvres complètes, op. cit.*, tomo XXVIII.

[45] *Peccata splendida*, diz Santo Agostinho; ver o artigo CATÉCHISME CHINOIS do *Dictionnaire philosophique*, II, *in* Voltaire, *Oeuvres complètes, op. cit.*, tomo XVIII; *Questions sur les miracles*, 16ª carta, *in* Voltaire, *Oeuvres complètes, op. cit.*, tomo XXV.

O FILÓSOFO IGNORANTE

o antigo precursor de Pilpai, ou o Lokman dos persas, ou o Hakym dos árabes, ou o Hakam dos fenícios, não importa; vejo que suas fábulas estiveram em voga em todas as nações orientais e que a origem delas se perde numa antiguidade cujo abismo é insondável. A que tendem essas fábulas tão profundas quanto ingênuas, esses apólogos que parecem visivelmente escritos numa época em que não se duvidava que os animais tinham uma linguagem? Elas ensinaram quase todo o nosso hemisfério. Não são, em absoluto, coletâneas de sentenças fastidiosas, que mais cansam do que esclarecem; são a própria verdade revestida do encanto da fábula. Tudo quanto se pôde fazer foi acrescentar-lhes ornamentos nas nossas línguas modernas. Essa antiga sabedoria é simples e nua no autor original. As graças ingênuas com que a adornaram na França não ocultaram de modo algum o seu fundo respeitável. Que nos ensinam essas fábulas? Que é preciso ser justo.

XLVIII. A paz nascerá da filosofia?

Visto que todos os filósofos tinham dogmas diferentes, fica claro que o dogma e a virtude são de uma natureza inteiramente heterogênea. Quer acreditassem ou não que Tétis era a deusa do mar, quer estivessem ou não persuadidos da guerra dos gigantes ou da idade de ouro, da caixa de Pandora e da morte da serpente Píton etc., essas doutrinas nada tinham de comum com a moral. Uma coisa admirável na Antiguidade é que a teogonia jamais conturbou a paz das nações.

XLIX. Questão: se é necessário perseguir os filósofos?

Ah, se pudéssemos imitar a Antiguidade! Se fizéssemos enfim, a propósito das disputas teológicas, o que fizemos ao cabo de dezessete séculos nas belas-letras!
Recuperamos o gosto pela sã Antiguidade depois de haver estado imersos na barbárie de nossas escolas. Nunca os romanos foram suficientemente absurdos para imaginar que se pudesse perseguir um homem porque ele acreditasse no vazio ou no pleno, porque pretendesse que os acidentes não podem subsistir sem sujeito, por-

que explicasse num dado sentido uma passagem de um autor que um outro entendesse em sentido contrário.

Recorremos todos os dias à jurisprudência dos romanos, e quando carecemos de leis (o que nos acontece tantas vezes) vamos consultar o *Código* e o *Digesto*. Por que não imitar nossos mestres em sua sábia tolerância? Que importa ao Estado que se acredite nos reais ou nos nominais? Que se seja partidário de Scotus ou de Tomás, de Oecolampadius ou de Melâncton? Que se seja do partido de um bispo de Ypres[46] que não se leu ou de um monge espanhol[47] que se leu ainda menos? Não está claro que tudo isso deve ser tão indiferente ao verdadeiro interesse de uma nação quanto traduzir bem ou mal uma passagem de Licofron ou de Hesíodo?

L. A perseguição não é uma doença que se assemelha à raiva?

Sei que às vezes os homens são doentes do cérebro. Tivemos um músico[48] que morreu louco porque sua música não foi considerada suficientemente boa. Algumas pessoas acreditaram ter um nariz de vidro; mas se as houvesse em número suficiente para pensar, por exemplo, que elas sempre têm razão, haveria heléboro suficiente para tão estranha doença?

E se esses doentes, para sustentar que sempre têm razão, ameaçassem com o derradeiro suplício quem quer que pensasse que eles podem estar errados? Se estabelecessem espiões para descobrir os refratários? Se decidissem que um pai, pelo testemunho de seu filho, uma mãe, pelo de sua filha, deve perecer nas chamas etc., não seria necessário amarrar essas pessoas e tratá-las como as que são atacadas pela raiva?

---

[46] Jansênio.
[47] Molina.
[48] Jean-Joseph Mouret, superintendente musical da duquesa do Maine, nascido em Avignon em 1682, falecido em Charenton a 22 de dezembro de 1738.

LI. A que tudo isso pode servir?

Perguntais-me para que serve este sermão se o homem não é livre. Em primeiro lugar eu não vos disse que o homem não é livre; disse-vos[49] que sua liberdade consiste em seu poder de agir, e não no poder quimérico de *querer querer*. Em seguida vos direi que, como tudo está ligado na natureza, a Providência eterna me predestinava a escrever estes devaneios e predestinava cinco ou seis leitores a tirar proveito deles e cinco ou seis outros a desdenhá-los e a relegá-los ao número imenso dos escritos inúteis.

Se me dizeis que não vos ensinei nada, lembrai-vos de que me anunciei como um ignorante.

LII. Outras ignorâncias

Sou tão ignorante que não sei sequer os fatos antigos com os quais me embalam; receio sempre enganar-me de setecentos a oitocentos anos pelo menos quando procuro em que tempo viveram esses antigos heróis que se diz terem sido os primeiros a exercer o roubo e o banditismo num grande número de países; e esses primeiros sábios que adoraram estrelas, ou peixes, ou cobras, ou mortos, ou seres fantásticos.

Quem foi o primeiro a imaginar os seis Gahambars[50], e a ponte de Tshinavar, e o Dardaroth, e o lago de Karon? Em que época viviam o primeiro Baco, o primeiro Hércules, o primeiro Orfeu? Toda a Antiguidade é tão tenebrosa até Tucídides e Xenofonte que me vejo reduzido a não saber quase uma palavra do que se passou sobre o globo onde vivo, antes do curto espaço de uns trinta séculos; e nesses trinta séculos, ainda assim, quantas obscuridades, quantas incertezas, quantas fábulas!

LIII. A maior ignorância

Minha ignorância me pesa muito mais quando vejo que nem eu nem os meus compatriotas sabemos absolutamente nada da nossa

---

[49] Ver p. 103, *questão XIII*. – Sou livre?
[50] Gênios dos parses.

pátria. Minha mãe me disse que eu nasci às margens do Reno; quero crê-lo. Perguntei a meu amigo, o douto Apedeutas[51], nativo de Courland, se tinha conhecimento dos antigos povos do Norte seus vizinhos e de seu desditoso pequeno país: ele me respondeu que não tinha sobre isso mais noções do que os peixes do mar Báltico.

Quanto a mim, tudo o que sei de meu país é que César disse, há uns mil e oitocentos anos, que éramos bandidos que tínhamos o costume de sacrificar homens a não sei que deuses para obter deles alguma boa presa e que nunca fazíamos nossas incursões senão acompanhados de velhas feiticeiras que faziam esses belos sacrifícios.

Tácito, um século depois, diz algumas palavras sobre nós sem jamais nos ter visto; enxerga-nos como as pessoas mais honestas do mundo em comparação com os romanos, pois assegura que, quando não tínhamos ninguém para roubar, passávamos os dias e as noites embriagando-nos com má cerveja em nossas cabanas.

Desde essa nossa idade de ouro, é um vazio imenso até a história de Carlos Magno. Quando cheguei a esses tempos conhecidos, vejo em Goldast[52] uma carta de Carlos Magno, datada de Aix-la-Chapelle, na qual esse sábio imperador fala assim:

"Sabeis que, caçando um dia perto desta cidade, encontrei as termas e o palácio que Granos, irmão de Nero e de Agripa, construíra outrora."

Esse Granos e esse Agripa, irmãos de Nero, me fazem ver que Carlos Magno era tão ignorante quanto eu, e isso consola.

LIV. Ignorância ridícula

A história da Igreja de meu país assemelha-se à de Granos, irmão de Nero e de Agripa, e é muito mais maravilhosa. São efebos ressuscitados, dragões apanhados com uma estola como coelhos com um laço; hóstias que sangram a uma facada que um judeu lhes dá; santos que correm atrás de suas cabeças quando estas lhes são cortadas. Uma das lendas mais comprovadas na nossa história eclesiástica da Alemanha é

---

[51] *Apedeutas* significa ignorante, privado de ciência.
[52] Goldast de Heimisfeld, nascido em 1576, falecido em 1635, publicou entre outras obras uma *Collection des constitutions impériales*, 4 vol. *in-folio*, 1613.

a do bem-aventurado Pedro de Luxemburgo, que nos dois anos de 1388-89, depois de sua morte, fez dois mil e quatrocentos milagres e, nos anos seguintes, três mil redondos, entre os quais não se mencionam entretanto senão quarenta e dois mortos ressuscitados. Indago se os demais Estados da Europa têm histórias eclesiásticas tão maravilhosas e tão autênticas. Encontro por toda parte a mesma sabedoria e a mesma certeza.

LV. Pior que ignorância

Vi depois por que tolices ininteligíveis os homens imprecaram-se uns aos outros, foram detestados, perseguidos, degolados, enforcados, submetidos ao suplício da roda e queimados; e disse a mim mesmo: Se tivesse havido um sábio nesses tempos abomináveis, teria sido necessário que esse sábio vivesse e morresse nos desertos.

LVI. Começo da razão

Vejo que hoje, neste século que é a aurora da razão, algumas cabeças dessa hidra do fanatismo renascem ainda. Parece que seu veneno é menos mortal e suas bocas, menos vorazes. O sangue não correu pela graça versátil como correu durante tanto tempo pelas indulgências plenárias que se vendiam no mercado; mas o monstro ainda subsiste: quem quer que procurar a verdade se arriscará a ser perseguido. Será preciso ficar ocioso nas trevas? Ou será preciso acender uma chama na qual a inveja e a calúnia acenderão suas tochas? Creio que a verdade não deve se ocultar diante desses monstros assim como ninguém deve se abster de ingerir alimento por medo de ser envenenado[53].

---

[53] Seguem-se nas primeiras edições: *Petite digression* (ou *les Aveugles juges des couleurs*), *Aventure indienne par l'ignorant* (ver *Oeuvres complètes, op. cit.,* tomo XXI e o *Petit commentaire de l'ignorant sur l' éloge du Dauphin*, pelo sr. Thomas, que se viu no tomo XXV das *Oeuvres complètes, op. cit.*

ANDRÉ DESTOUCHES

No Sião[1]

André Destouches[2] era um músico muito agradável no belo século de Luís XIV, antes que a música fosse aperfeiçoada por Rameau e estragada pelos que preferem a dificuldade superada à naturalidade e às graças. Antes de exercer seus talentos ele tinha sido mosqueteiro; e antes de ser mosqueteiro ele fez, em 1688, a viagem ao Sião com o jesuíta Tachard, que lhe deu muitas provas particulares de ternura para ter um entretenimento no navio; e pelo resto de sua vida Destouches sempre falou com admiração do padre Tachard.

No Sião ele travou conhecimento com um alto funcionário do barcalão (esse alto funcionário chamava-se Croutef[3]), e pôs por escrito a maior parte das perguntas que fez a Croutef, com as respostas desse siamês. Ei-las aqui, tais como foram encontradas em seus papéis:

ANDRÉ DESTOUCHES

Quantos soldados tendes?

---

[1] Esse fragmento foi impresso em 1766, após *O filósofo ignorante*, sob o título *Supplément au Philosophe Ignorant*. Ver Voltaire, *Oeuvres complètes*, Garnier, Paris, 1879, tomo XXVI, pp. 97-102.
[2] André Destouches, nascido em 1672, falecido em 1749, autor da ópera *Issé*.
[3] Barcalão é o título do primeiro-ministro no Sião. O nome do primeiro comissário parece forjado por Voltaire.

CROUTEF

Oitenta mil, muito mediocremente pagos.

ANDRÉ DESTOUCHES

E talapões?

CROUTEF

Cento e vinte mil, todos ociosos e riquíssimos. É verdade que na última guerra fomos batidos; mas, em compensação, nossos talapões viveram à larga, construíram lindas casas e sustentaram belas amantes.

ANDRÉ DESTOUCHES

Não há nada mais sábio e mais avisado. E vossas finanças, em que estado se encontram?

CROUTEF

Em péssimo estado. Temos no entanto noventa mil homens empregados para fazê-las florescer; e se não o conseguiram não foi por culpa deles, pois não há nenhum que não tome honestamente tudo quanto pode tomar e que não despoje os lavradores para o bem do Estado.

ANDRÉ DESTOUCHES

Bravo! E a vossa jurisprudência, é tão perfeita quanto todo o resto da vossa administração?

CROUTEF

Ela é muito superior. Não temos leis, mas dispomos de cinco ou seis mil volumes sobre as leis. Em geral nos conduzimos por costumes, pois sabe-se que um costume, tendo-se estabelecido ao acaso, é sempre o que há de mais sábio. E ademais, tendo cada costume necessariamente mudado em cada província, como as vestes e os penteados, os juízes podem escolher a seu talante o uso que estava em voga quatro séculos atrás ou aquele que reinava no ano passado; é uma variedade de legislações que os nossos vizinhos não se cansam de admirar: é uma fortuna assegurada para os médicos, um recurso para todos os pleiteantes de má-fé e um atrativo infinito para os juízes, que podem, em sã consciência, decidir as causas sem entendê-las.

ANDRÉ DESTOUCHES

Mas, para o criminoso, tendes ao menos leis constantes?

CROUTEF

Deus nos livre! Podemos condenar ao banimento, às galés, à forca, ou expulsar da corte, segundo os ditames da nossa fantasia. Queixamo-nos às vezes do poder arbitrário do senhor barcalão; mas queremos que todos os nossos julgamentos sejam arbitrários.

ANDRÉ DESTOUCHES

Isso é justo. E a tortura, fazeis uso dela?

CROUTEF

É o nosso maior prazer; verificamos que é um segredo infalível para salvar um culpado que tem os músculos vigorosos, os jarretes fortes e flexíveis, os braços nervosos e os rins duplos; e espancamos alegremente todos os inocentes a quem a natureza deu órgãos fracos. Eis como nos arranjamos com uma sabedoria e uma prudência maravilhosas. Como existem semiprovas, isto é, semiverdades, é evidente que existem semi-inocentes e semiculpados. Começamos então por lhes dar uma semimorte, após o que vamos almoçar; em seguida vem a morte total, o que vale no mundo grande consideração, dividendo do preço de nossos encargos.

ANDRÉ DESTOUCHES

Nada mais prudente nem mais humano, convenhamos. Dizei-me o que se faz com os bens dos condenados.

CROUTEF

Os filhos são privados deles: porque sabeis que nada é mais equitativo do que punir todos os descendentes por um delito de seu pai[4].

ANDRÉ DESTOUCHES

Sim, há muito tempo ouço falar dessa jurisprudência.

CROUTEF

Os povos de Lao, nossos vizinhos, não admitem nem a tortura[5], nem as penas arbitrárias, nem os costumes diferentes, nem os horríveis suplícios que estão em uso entre nós; mas também nós os vemos como bárbaros que não têm ideia alguma do que seja um bom governo. Toda a Ásia reconhece que dançamos muito melhor do que eles e que, por conseguinte, é impossível que se aproximem de nós em jurisprudência, em comércio, nas finanças e sobretudo na arte militar.

ANDRÉ DESTOUCHES

Dizei-me, por favor, quais os graus necessários para chegar à magistratura no Sião.

CROUTEF

Pelo dinheiro à vista. Concordais que seria impossível bem julgar se não se tivesse trinta ou quarenta mil moedas de prata disponíveis. Em vão se conheceriam de cor todos os costumes, em vão se defenderiam quinhentas causas com sucesso, em vão se teria um espírito pleno de justeza e um coração pleno de justiça; não se pode chegar a nenhuma magistratura sem dinheiro. É ainda o que nos distingue

---

[4] Sobre o confisco, ver *Commentaires sur le livre Des délits et des peines*, xxi, *in* Voltaire, *Oeuvres complètes, op. cit.*, tomo xxv, p. 570. Ver também de Beccaria *Dos delitos e das penas*, Martins Fontes, São Paulo, 1996.

[5] Ver os artigos Question, TORTURE e TORTURE do *Dictionnaire philosophique*, IV, *in* Voltaire, *Oeuvres complètes, op. cit.*, tomo xx, pp. 313 e 533; *Commentaires sur le livre Des délits et des peines*, xi, *in Oeuvres complètes, op. cit.*, tomo xxv, p. 557; e artigo xxiv de *Le prix de la justice et de l'humanité*, *in* Voltaire, *Oeuvres complètes*, Garnier, Paris, 1880, tomo XXX, p. 580.

de todos os povos da Ásia, e sobretudo desses bárbaros de Lao, que têm a mania de recompensar todos os talentos e de não vender nenhum emprego.

André Destouches, que era um pouco distraído, como o são todos os músicos, respondeu ao siamês que a maioria das árias que ele acabava de cantar lhe pareciam um pouco discordantes e quis informar-se a fundo sobre a música siamesa; mas Croutef, empolgado pelo seu assunto e apaixonado pelo seu país, continuou nestes termos:

Importa-me muito pouco que os nossos vizinhos que habitam do outro lado das nossas montanhas[6] tenham melhor música do que nós e melhores quadros, desde que tenhamos sempre leis sábias e humanas. É nessa parte que nós excelemos. Por exemplo, há mil circunstâncias em que, se uma moça dá à luz um filho morto, nós reparamos a perda da criança fazendo enforcar a mãe, e graças a isso ela está manifestamente fora de condições de praticar um aborto.

Se um homem roubou habilmente trezentas ou quatrocentas moedas de ouro, nós o respeitamos e vamos jantar em casa dele; mas, se uma pobre criada se apropria desastradamente de três ou quatro moedas de cobre que estavam no cofre da patroa, não deixamos de matar essa criada em praça pública: primeiro, de medo que ela não se corrija; segundo, a fim de que não possa dar ao Estado filhos em grande número, entre os quais se encontrariam talvez um ou dois que poderiam roubar três ou quatro moedinhas de cobre ou tornar-se grandes homens; terceiro, porque é justo aplicar a pena ao crime e porque seria ridículo empregar numa casa de força, em trabalhos úteis, uma pessoa culpada de tão enorme delito.

Mas somos ainda mais justos, mais clementes, mais razoáveis nos castigos que infligimos aos que têm a audácia de se servir de suas pernas para ir aonde querem. Tratamos tão bem os nossos guerreiros que nos vendem sua vida, damos-lhes um salário tão prodigioso, eles têm uma parte tão considerável em nossas conquistas que são sem dúvida os mais criminosos de todos os homens quando, tendo-se alistado num momento de embriaguez, eles querem voltar para

---

[6] Os italianos.

a casa de seus pais num momento de razão⁷. Nós lhes mandamos meter doze balas de chumbo na cabeça para fazê-los ficar no local, após o que se tornam infinitamente úteis à sua pátria.

Não vos falo da quantidade inumerável de excelentes instituições que não chegam ao ponto, em verdade, de derramar o sangue dos homens, mas que tornam a vida tão doce e tão agradável que é impossível aos culpados não se tornarem pessoas de bem. Um agricultor não pagou no momento certo uma taxa que excedia as suas disponibilidades, nós vendemos a sua marmita e a sua cama para pô-lo em condições de cultivar melhor a terra depois de ter sido livrado de seu supérfluo.

ANDRÉ DESTOUCHES

Eis o que é totalmente harmonioso, isso perfaz um belo concerto.

CROUTEF

Para conhecerdes nossa profunda sabedoria, sabei que nossa base fundamental consiste em reconhecer como nosso soberano, sob vários aspectos, um estrangeiro tonsurado que mora a novecentos mil passos de nosso país. Quando damos nossas melhores terras a alguns dos nossos talapões, o que é muito prudente, é preciso que esse talapão siamês pague o primeiro ano de seus proventos a esse tártaro tonsurado⁸, sem o que é evidente que não teríamos nenhuma colheita.

Mas onde está o tempo, ditoso tempo, em que esse tonsurado fazia degolar uma metade da nação pela outra para decidir se *Sammonocodom*⁹ tinha brincado de soltar pipa ou de *trou-madame*; se tinha se disfarçado de elefante ou de vaca; se tinha dormido trezen-

---

⁷ Luís XVI aboliu a pena de morte por deserção; ver o artigo XXVIII do *Prix de la justice et de l'humanité*, in Voltaire, *Oeuvres complètes*, op. cit., tomo XXX, p. 585.

⁸ Desde a Revolução, não se conhecem mais na França as anatas. Chamava-se anata ao imposto cobrado pelo papa, sobre a renda de um ano, para as bulas de certos beneficiários, bispos etc. Ver o artigo ANATAS, do *Dictionnaire philosophique*, in Voltaire, *Oeuvres complètes*, op. cit., tomo XVII, p. 259.

⁹ Ver o artigo SAMMONOCODOM, do *Dictionnaire philosophique*, IV, in Voltaire, *Oeuvres complètes*, op. cit., tomo xx, p. 390.

tos e noventa dias[10] do lado direito ou do lado esquerdo? Essas grandes questões, que se prendem tão essencialmente à moral, agitavam então todos os espíritos: elas abalavam o mundo; o sangue corria por elas: massacravam-se as mulheres sobre os corpos dos maridos; esmagavam-se os filhos contra a pedra[11] com uma devoção, uma unção, uma compunção angelicais. Ai de nós, filhos degenerados de nossos pios ancestrais, que já não fazemos esses santos sacrifícios! Mas ao menos nos restam, graças ao céu, algumas boas almas que os imitariam se as deixassem fazê-lo.

ANDRÉ DESTOUCHES

Dizei-me por favor, senhor, se no Sião dividis o tom maior em duas comas e duas semicomas e se o progresso do som fundamental se faz por 1, 3 e 9.

CROUTEF

Por Sammonocodom, estais zombando de mim. Não tendes nenhuma educação; interrogas-me sobre a forma de nosso governo e me falais de música.

ANDRÉ DESTOUCHES

A música se liga a tudo; ela era o fundamento de toda a política dos gregos. Mas, perdão; como tendes o ouvido duro, voltemos ao nosso assunto. Dizíeis pois que para fazer um acordo perfeito...

CROUTEF

Eu vos dizia que outrora o tártaro tonsurado pretendia dispor de todos os reinos da Ásia, o que estava muito longe de ser um acordo perfeito; mas disso advinha um grande bem: era-se muito mais devoto a Sammonocodom e a seu elefante do que nos nossos dias, em que todo mundo se mete a aspirar ao senso comum com uma indis-

---

[10] Ezequiel IV, 4.
[11] Salmo CXXXVI, 9.

crição de dar dó. No entanto tudo vai indo; o pessoal se diverte, dança, joga, janta, ceia, faz amor: isso faz fremir todos os que têm boas intenções.

ANDRÉ DESTOUCHES

E que quereis mais? Falta-vos apenas uma boa música. Quando a tiverdes, podereis ousadamente considerar-vos a nação mais feliz da terra.

AVENTURA INDIANA

(1766)

Como todos sabem, durante sua estada na Índia, Pitágoras aprendeu, na escola dos gimnosofistas, a linguagem dos bichos e a das plantas. Passeando um dia numa pradaria bem perto da orla do mar, ouviu ele estas palavras: "Como eu sou infeliz por ter nascido capim! Mal atinjo duas polegadas de altura e lá vem um monstro devorador, um animal horrível, que me pisa sob seus largos pés; sua boca é armada de uma fileira de falsos gumes, com a qual ele me corta, me despedaça e me engole. Os homens chamam esse monstro de *carneiro*. Não creio que haja no mundo criatura mais abominável."

Avançando mais alguns passos, Pitágoras encontrou uma ostra que bocejava sobre um pequeno rochedo; ele não havia ainda abrangido essa admirável lei segundo a qual é proibido comer os animais nossos semelhantes. Ia engolir a ostra quando ela pronunciou estas palavras tocantes: "Ó natureza! Como o capim, que é, como eu, obra tua, é feliz! Quando o cortam, ele renasce, é imortal; e nós, pobres ostras, em vão somos defendidas por uma dupla couraça; os celerados nos comem às dúzias em seu almoço, e tudo está perdido para sempre. Que terrível destino o de uma ostra, e como os homens são bárbaros!"

Pitágoras estremeceu; sentiu a enormidade do crime que ia cometer: chorando, pediu perdão à ostra e tornou a colocá-la em cima do seu rochedo.

Meditando profundamente sobre essa aventura ao regressar à cidade, viu aranhas que comiam moscas, andorinhas que comiam aranhas, gaviões que comiam andorinhas. "Todas essas criaturas", disse ele, "não são filósofos."

Ao voltar para casa Pitágoras foi atacado, atingido, derrubado por uma multidão de patifes e patifas que corriam gritando: "É bem feito, é bem feito, eles bem o mereceram! – Quem? O quê?", exclamou Pitágoras levantando-se; e as pessoas continuavam a correr, dizendo: "Ah, como será bom vê-los cozer!". Pitágoras pensou que estavam falando de lentilhas ou de outros legumes quaisquer; nada disso, eram dois pobres indianos. "Ah, sem dúvida", disse Pitágoras, "são dois grandes filósofos cansados da vida; estão muito contentes de renascer sob outra forma; há prazer em mudar de casa, conquanto se esteja sempre mal-alojado: gostos não se discutem."

Avançou com a multidão até a praça pública e ali avistou uma grande fogueira acesa e, diante dessa fogueira, um banco a que chamavam *tribunal*, e sobre esse banco alguns juízes, e todos esses juízes tinham na mão uma cauda de vaca e sobre a cabeça um barrete que se assemelhava perfeitamente às duas orelhas do animal que transportou Sileno quando outrora ele veio ao país com Baco, depois de ter atravessado o mar da Eritreia a pé e de haver detido o sol e a lua, como se conta fielmente nas *Órficas*.

Havia entre esses juízes um sábio muito conhecido de Pitágoras. O sábio da Índia explicou ao sábio de Samos o motivo da festa que se ia oferecer ao povo hindu.

"Os dois indianos", disse ele, "não têm nenhuma vontade de ser queimados; meus graves confrades os condenaram a esse suplício, um por ter dito que a substância de Xaca não é a substância de Brama, o outro por haver suspeitado que se podia agradar ao Ser supremo pela virtude, sem segurar, ao morrer, uma vaca pelo rabo; porque, dizia ele, sempre se pode ser virtuoso e porque nem sempre se tem uma vaca à mão. As boas mulheres da cidade ficaram tão aterradas com essas duas proposições heréticas que não deixaram os juízes em paz enquanto eles não ordenaram o suplício dos dois infelizes."

Pitágoras julgou que desde o capim até o homem havia bons motivos para mágoa. No entanto logrou reconduzir à razão os juízes e até mesmo os devotos, o que só aconteceu nessa única vez.

Em seguida foi pregar a tolerância em Crotona; mas um intolerante ateou-lhe fogo à casa e ele foi queimado, ele que tirara dois hindus das chamas. *Salve-se quem puder!*

OS CEGOS
JUÍZES DAS CORES

(1766)

Nos começos da fundação dos Quinze-Vingts, sabe-se que eles eram todos iguais e que os seus pequenos negócios se decidiam na pluralidade das vozes. Distinguiam perfeitamente, pelo tato, entre a moeda de cobre e a de prata; nenhum deles jamais bebeu vinho de Brie por vinho de Borgonha. Seu olfato era mais fino que o de seus vizinhos que tinham dois olhos. Raciocinavam perfeitamente sobre os quatros sentidos, isto é, conheciam deles tudo o que é permitido saber a tal respeito; e viveram pacíficos e afortunados tanto quanto Quinze-Vingts podem sê-lo. Infelizmente um de seus professores pretendeu ter noções claras sobre o sentido da visão; ele se fez escutar, intrigou, formou entusiastas: enfim, reconheceram-no como chefe da comunidade. Pôs-se a julgar soberanamente as cores, e tudo se perdeu.

Esse primeiro ditador dos Quinze-Vingts formou a princípio um pequeno conselho com o qual se tornou o senhor de todas as caridades. Por esse meio ninguém ousou resistir-lhe. Decidiu que todos os hábitos dos Quinze-Vingts eram brancos: os cegos acreditaram; não falavam senão de seus belos hábitos brancos, conquanto não houvesse um só dessa cor. Todo mundo zombou deles, e eles foram queixar-se ao ditador, que os recebeu muito mal; tratou-os de inovadores, de espíritos fortes, de rebeldes, que se deixavam seduzir pelas opiniões errôneas dos que tinham olhos e que ousavam duvidar da infalibilidade de seu senhor. Essa querela formou dois partidos.

Para apaziguá-los, o ditador promulgou um decreto pelo qual todos os seus hábitos eram vermelhos. Não havia um só hábito vermelho nos Quinze-Vingts. Zombaram deles mais que nunca: novas queixas da parte da comunidade. O ditador ficou furioso, os outros cegos também: por muito tempo se combateu, e a concórdia só se restabeleceu quando foi permitido a todos os Quinze-Vingts suspender o seu juízo sobre a cor de seus hábitos.

Um surdo, ao ler esta historieta, confessou que os cegos tinham errado ao julgar as cores; mas manteve-se firme na opinião de que cabe unicamente aos surdos julgar a música.

PEQUENO COMENTÁRIO
SOBRE O ELOGIO DO DELFIM DA FRANÇA COMPOSTO PELO SR. THOMAS[1]

(1766)

Leio no eloquente discurso do sr. Thomas estas palavras notáveis: "O delfim lia com prazer esses livros em que a doce humanidade lhe pintava todos os homens, mesmo os que se extraviam, como um povo de irmãos. Teria sido ele próprio, pois, ou perseguidor ou cruel? Teria adotado a ferocidade dos que contam o erro entre os crimes e querem atormentar para instruir? *Ah*, diz ele mais de uma vez, *não persigamos.*"

Essas palavras penetraram-me o coração; exclamei: Quem será o infeliz que ousará ser perseguidor, quando o herdeiro de um grande reino declarou que não se deve sê-lo? Esse príncipe sabia que a perseguição sempre produziu o mal; tinha lido muito: a filosofia chegara até ele. A maior felicidade de um Estado monárquico é que o príncipe seja esclarecido. Henrique IV não o era pelos livros, porque, excetuado Montaigne, que nada tem como certo e só ensina a duvidar, não havia então mais que uns miseráveis livros de controvérsia, indignos de serem lidos por um rei. Mas Henrique IV era

---

[1] Quando Luís, delfim, filho de Luís XV, nascido em 1729, faleceu em Fontainebleau em 20 de dezembro de 1765, as orações fúnebres, segundo o uso, apareceram em grande número. A.-L. Thomas, nascido em Clermont em 1732, falecido em 1785, fez um *Éloge de Louis, dauphin de France*, 1766, *in-8º*, que apareceu no fim de março. *O Pequeno comentário* deve tê-lo seguido de bem perto: creio que é desse *Pequeno comentário* que Voltaire fala em sua carta a Damilaville, de 13 de abril. Ele não era um crítico do *Éloge* e, longe de estar descontente com Thomas, Voltaire lhe fez, no fim de maio, presente de um exemplar de suas *Oeuvres*; ver a carta a Damilaville, de 30 de maio. As primeiras edições de *O filósofo ignorante* contêm alguns textos, entre os quais o *Pequeno comentário*. (B.)

instruído pela adversidade, pela experiência da vida privada e da vida pública, enfim por suas próprias luzes. Tendo sido perseguido, não foi perseguidor. Era mais filósofo do que pensava, em meio ao tumulto das armas, das facções do reino, das intrigas da corte e do furor de duas seitas inimigas. Luís XIII nada leu, nada soube, nada viu – e deixou perseguir.

Luís XIV tinha muito bom senso, amor pela glória que o conduzia ao bem, um espírito justo, um coração nobre; mas infelizmente o cardeal Mazarino não cultivou um caráter assim tão belo. Merecia ser instruído, foi ignorante; seus confessores finalmente o subjugaram: ele perseguiu, praticou o mal. Quê! Os Sacy, os Arnauld e tantos outros grandes homens aprisionados, exilados, banidos! E por quê? Porque não pensavam como dois jesuítas[2] da corte; e eis o seu reino incendiado por uma bula! É preciso confessá-lo, o fanatismo e a velhacaria exigiram a bula, a ignorância a aceitou, a perseverança a combateu. Nada disso teria acontecido sob um príncipe que estivesse à altura de apreciar o que vale uma graça eficaz, uma graça suficiente e até mesmo versátil.

Não me admira que outrora o cardeal de Lorraine tenha perseguido pessoas bastante mal-avisadas para querer reconduzir as coisas à primeira instituição da Igreja: o cardeal teria perdido sete dioceses e opulentíssimas abadias das quais detinha a posse. Eis uma excelente razão para perseguir os que não são da nossa opinião. Ninguém certamente merece mais ser excomungado do que os que querem tirar as nossas rendas. Não há outro motivo de guerra entre os homens: cada qual defende sua fortuna tanto quanto pode.

Mas que no seio da paz se desencadeiem guerras intestinas por frivolidades incompreensíveis de pura metafísica; que se tenha, no reinado de Luís XIII, em 1624, proibido, sob pena das galés, de pensar, de pensar diferentemente de Aristóteles[3]; que se tenham anate-

---

[2] Voltaire designa Le Tellier e Doucin, que tiveram por cooperador Lallemand; ver capítulo V, *Traité sur la tolerance à l'occasion de la mort de Jean Calas* (1763), e *Mandement du Réverendissime Père en Dieu*, Alexis. *Mélanges*, IV, *in* Voltaire, *Oeuvres complètes*, *op. cit.*, pp. 39 e 350.

[3] O Parlamento de Paris; ver *Essai sur les moeurs*, II, cap. CLXXV, *in* Voltaire, *Oeuvres complètes*, *op. cit.*, tomo XII, p. 580; e *Histoire du Parlement (de Paris)*, cap. XLIX, *in Oeuvres complètes*, tomo XVI, p. 21.

PEQUENO COMENTÁRIO

matizado as ideias inatas de Descartes para admiti-las em seguida[4]; que de mais de uma questão digna de Rabelais se tenha feito uma questão de Estado – tudo isso é bárbaro e absurdo.

Tem-se perguntado amiúde por que, desde Rômulo até o tempo em que os papas foram poderosos, nunca os romanos perseguiram um só filósofo por causa de suas opiniões. Não se pode responder outra coisa senão que os romanos eram sábios. Cícero era um homem poderoso. Ele nos diz em uma de suas cartas: "Vede a quem quereis que eu entregue as Gálias em partilha." Ele era muito ligado à seita dos acadêmicos; mas não consta que alguma vez lhe tenha dado na veneta fazer exilar um estoico, excluir dos cargos um epicureu, molestar um pitagórico.

E tu, desditoso Jurieu, fugitivo de tua aldeia, quiseste oprimir o fugitivo Bayle em seu asilo e no teu; deixaste em paz Spinoza, de quem não tinhas ciúme, mas quiseste acabrunhar aquele respeitável Bayle, que esmagava a tua pequena reputação por seu renome glorioso.

O descendente e herdeiro de trinta reis disse: *Não persigamos*; e um burguês de uma cidade ignorada, um paroquiano, um monge diria: *Persigamos!*

Tirar aos homens a liberdade de pensar! Ó céus! Tiranos, fanáticos, começai então por nos cortar as mãos, que podem escrever; arrancai-nos a língua, que fala contra vós; arrancai-nos a alma, que não tem por vós senão sentimentos de horror.

Existem países em que a superstição, igualmente covarde e bárbara, embrutece a espécie humana; existem outros onde o espírito do homem goza de todos os seus direitos. Entre esses dois extremos, um celeste, outro infernal, há um povo intermediário no qual a filosofia é ora acolhida, ora proscrita; entre o qual Rabelais foi impresso com privilégio, mas que deixou morrer o grande Arnauld de fome numa aldeia estrangeira; um povo que viveu em trevas espessas desde o tempo de seus druidas até o tempo em que alguns raios de luz caíram sobre ele vindos da cabeça de Descartes. Desde então a luz lhe tem vindo da Inglaterra. Mas acreditar-se-á que Locke mal era conhecido desse povo há cerca de trinta anos? Acreditar-se-á

---
[4] La Sorbonne.

que, quando lhe foi dado conhecer a sabedoria desse grande homem, ignorantes locais oprimiram violentamente aquele[5] que foi o primeiro a trazer essas ideias da ilha dos filósofos para o país das frivolidades? Se os que iluminavam as almas foram perseguidos, essa mania foi levada ao ponto de erguer-se contra os que salvavam os corpos. Em vão se demonstrou que a inoculação pode conservar a vida de vinte e cinco mil pessoas por ano num grande reino; isso não impediu que os inimigos da natureza humana tratassem os seus benfeitores como envenenadores públicos[6]. Se se tivesse tido a infelicidade de escutá-los, que teria acontecido? Os povos vizinhos teriam concluído que a nação estava desprovida de razão e de coragem.

Felizmente as perseguições são passageiras; elas são pessoais, dependem do capricho de três ou quatro energúmenos que veem sempre o que os outros não veriam se não se lhes corrompesse o entendimento; em seguida se fica admirado de tanta grita e se esquece tudo.

Um homem[7] ousa dizer, não somente como todos os físicos, mas como todos os homens, que se a Providência não nos tivesse dado mãos não haveria sobre a Terra nem artistas nem artes. Um vinagreiro[8] convertido em mestre-escola denuncia essa proposição como ímpia: pretende que o autor atribui tudo às nossas mãos, e nada à nossa inteligência. Um macaco não ousaria intentar semelhante acusação na terra dos macacos; essa acusação vinga entre os homens. O autor é perseguido com furor; ao cabo de três meses já não se pensa nisso. Isso ocorre com a maioria dos livros filosóficos, como com os *Contos* de La Fontaine; começou-se por queimá-los, acabou-se por representá-los na Ópera Cômica. Por que se permitem as representações? Porque se percebeu enfim que não havia ali senão motivo para riso. Por que o mesmo livro que se proscreveu

---

[5] Voltaire, *Lettres philosophiques*, XIII, *in Oeuvres complètes*, op. cit., tomo XXII, p. 121.
[6] Ver *Omer de Fleury*, *in* Voltaire, *Oeuvres complètes*, *op. cit.*, tomo XXIV, p. 467.
[7] Helvétius, *De l'esprit*, discurso I, capítulo I.
[8] Abraham-Joseph de Chaumeix, nascido em Orléans, falecido em Moscou no começo do século XIX, é autor dos *Préjugés légitimes contre l'Encyclopédie, etc.*, 1758, oito volumes *in-12*. Os dois últimos contêm a crítica do livro *De l'esprit*. Ver o artigo QUISQUIS (du) DE RAMUS OU LA RAMÉE do *Dictionnaire philosophique*, IV, *in* Voltaire, *Oeuvres complètes*, *op. cit*, tomo XX, p. 321.

PEQUENO COMENTÁRIO

permanece tranquilamente nas mãos dos leitores? Porque se percebeu que esse livro em nada perturbou a sociedade; porque nenhum pensamento abstrato, nem mesmo nenhum gracejo, tirou de qualquer cidadão a menor prerrogativa; porque ele não fez encarecer os gêneros; porque os monges mendicantes não encheram menos o seu alforge por causa dele; porque o trem do mundo não mudou em nada e porque o livro serviu apenas e precisamente para ocupar o lazer de uns poucos leitores.

Na verdade, quando se persegue, é pelo prazer de perseguir. Passamos da opressão passageira que a filosofia sofreu mil vezes entre nós à opressão teológica que é mais duradoura. Desde os primeiros séculos se disputa, os dois partidos contrários se anatematizam. Qual deles está com a razão? O mais forte. Concílios combatem contra concílios, até que finalmente a autoridade e o tempo decidam. Então os dois partidos reunidos perseguem um terceiro partido que se levanta, e este oprime um quarto. Sabe-se muito bem que o sangue correu durante mil e quinhentos anos por causa dessas disputas; mas o que não se sabe o bastante é que, caso jamais se tivesse perseguido, jamais teria havido guerras de religião.

Repitamos pois mil vezes com o delfim tão pranteado: *Não persigamos ninguém.*

ELOGIO HISTÓRICO DA RAZÃO
PRONUNCIADO NUMA ACADEMIA DE PROVÍNCIA
PELO SR. DE CHAMBON

(1774[1])

Erasmo fez, no século XVI, o elogio da Loucura. Ordenais-me fazer-vos o elogio da Razão. Essa Razão, com efeito, só é festejada uns duzentos anos depois de sua inimiga, não raro muito mais tarde; e há nações nas quais ela ainda não foi absolutamente vista. Era tão desconhecida entre nós no tempo dos nossos druidas que não tinha sequer um nome na nossa língua. César não a trouxe nem à Suíça, nem a Autun, nem a Paris, que não passava então de um povoado de pescadores, e ele próprio mal a conheceu. Ele tinha tantas grandes qualidades que a Razão não logrou encontrar um lugar na multidão. Esse magnânimo insensato saiu do nosso país devastado para ir devastar o seu e para receber vinte e três punhaladas desfechadas por vinte e três outros ilustres furiosos que estavam longe de ter o valor dele.

O sicambro Clodvich ou Clóvis, cerca de quinhentos anos depois, veio exterminar uma parte da nossa nação e subjugar a outra. Não se ouviu falar de razão nem no seu exército nem nas nossas infelizes aldeiazinhas, a não ser da razão do mais forte.

Arrastamo-nos durante longo tempo nessa horrível e aviltante barbárie. As cruzadas não nos tiraram dela. Foi ao mesmo tempo a loucura mais universal, a mais atroz, a mais ridícula e a mais desgraçada. A abominável loucura da guerra civil e sagrada que extermi-

---

[1] *Éloge historique de la raison prononcé dans une académie de province par M. De Chambon*, *in* Voltaire, *Oeuvres complètes*, op. cit., tomo XXI, pp. 513-522.

nou tanta gente da língua de *oc* e da língua de *oil*[2] sucedeu a essas cruzadas longínquas. A Razão nem pensava em aparecer por lá. Então a Política reinava em Roma; tinha por ministros suas duas irmãs, a Velhacaria e a Avareza. Viam-se a Ignorância, o Fanatismo, o Furor marchar sob suas ordens na Europa; a Pobreza seguia-os por toda parte; a Razão escondia-se num poço com a Verdade, sua filha. Ninguém sabia onde ficava esse poço; e, caso se soubesse, ter-se-ia descido nele para degolar a filha e a mãe.

Depois que os turcos tomaram Constantinopla e redobraram as temíveis desgraças da Europa, dois ou três gregos[3], em fuga, caíram dentro desse poço, ou antes, nessa caverna, meio mortos de fadiga, de fome e de medo.

A Razão recebeu-os com humanidade, deu-lhes de comer sem distinção de corpos: coisa que eles nunca tinham conhecido em Constantinopla. Receberam dela algumas instruções em pequeno número, pois a Razão não é prolixa. Elas os fez jurar que não revelariam o lugar de seu retiro. Eles partiram e chegaram, depois de muito andar, à corte de Carlos V e Francisco I.

Foram recebidos como pelotiqueiros que vinham fazer demonstrações de malabarismo para entreter a ociosidade dos cortesãos e das damas nos intervalos de suas entrevistas. Os ministros dignaram-se olhar para eles nos momentos de folga que podiam ter em meio à torrente dos negócios. Foram mesmo acolhidos pelo imperador e pelo rei da França, que lançaram sobre eles um olhar de passagem, quando se dirigiam aos aposentos de suas amantes. Mas foram mais felizes nas cidadezinhas, onde encontraram bons burgueses, que tinham ainda, não sei como, uns laivos de bom senso.

Esses frágeis laivos extinguiram-se em toda a Europa entre as guerras civis que a assolaram. Duas ou três centelhas de razão não podiam iluminar o mundo no meio das tochas ardentes e das fogueiras que o fanatismo acendeu durante tantos anos. A Razão e sua filha esconderam-se mais que nunca.

Os discípulos de seus primeiros apóstolos calaram-se, salvo alguns que foram bastante temerários para pregar a razão insensata-

---

[2] Isto é, tanta gente do sul e do norte do Loire.
[3] Os Lascaris.

ELOGIO HISTÓRICO DA RAZÃO

mente e fora de tempo: isso lhes custou a vida, como a Sócrates; mas ninguém lhes prestou atenção[4]. Nada é tão desagradável como ser enforcado obscuramente. Ficou-se ocupado durante tanto tempo com as noites de São Bartolomeu, os massacres da Irlanda, os cadafalsos da Hungria, os assassínios dos reis, que não se tinha nem suficiente tempo nem suficiente liberdade para pensar nos crimes miúdos e nas calamidades secretas que inundavam o mundo de ponta a ponta.

A Razão, informada do que se passava por alguns exilados que se tinham refugiado em seu retiro, foi tocada de piedade, conquanto não passe por ser muito terna. Sua filha, que é mais ousada do que ela, encorajou-a a ver o mundo e a tratar de curá-lo. Elas apareceram, falaram; mas encontraram tantos interesseiros maus para contradizê-las, tantos imbecis a serviço dessa gente má, tantos indiferentes ocupados unicamente consigo mesmos e com o momento presente, que não se preocupavam nem com elas nem com seus inimigos, que acabaram regressando sabiamente ao seu asilo.

Entretanto algumas sementes dos frutos que elas trazem sempre consigo, e que haviam espalhado, germinaram sobre a terra e mesmo sem apodrecer[5].

Enfim, há algum tempo, lhes deu vontade de ir a Roma em peregrinação, disfarçadas e ocultando o seu nome por medo da Inquisição. Ali chegando, dirigiram-se ao cozinheiro do papa Ganganelli, Clemente XIV. Sabiam que era em Roma o cozinheiro menos ocupado. Pode-se dizer mesmo que ele era, depois dos vossos confessores, senhores, o homem mais desocupado da sua profissão.

Esse sujeito, depois de haver dado às duas peregrinas um jantar quase tão frugal quanto o do papa, conduziu-as perante Sua Santidade, a quem encontraram lendo os *Pensamentos* de Marco Aurélio. O papa reconheceu os disfarces, beijou-as cordialmente, não obstante a etiqueta. "Senhoras", disse, "se eu tivesse podido imaginar que estivésseis sobre a terra, ter-vos-ia feito a primeira visita."

---

[4] Étienne Dolet, Vanini etc.
[5] São Paulo, Coríntios XV, 36; São João XII, 24; *L'homme aux quarante écus, in* Voltaire, *Oeuvres complètes, op. cit.*, tomo XXI.

Terminados os cumprimentos, falou-se de negócios. Já no dia seguinte Ganganelli aboliu a bula *In coena Domini*, um dos maiores monumentos da loucura humana, que durante tanto tempo havia ultrajado todos os potentados[6]. Dois dias depois, tomou a resolução de destruir a companhia[7] de Garrasse, de Guignard, de Garnet, de Busembaum, de Malagrida, de Paulian, de Patouillet, de Nonotte; e a Europa bateu palmas. Logo depois reduziu os impostos, de que o povo se queixava. Incentivou a agricultura e todas as artes; fez-se amar por todos os que passavam por inimigos de sua praça. Dir-se-ia então em Roma que no mundo havia uma só nação e uma única lei.

As duas peregrinas, muito admiradas e satisfeitas, despediram-se do papa, que lhes fez presente não de ágnus e de relíquias, mas de uma boa sege para continuarem sua viagem. A Razão e a Verdade não estavam, até então, habituadas a tais comodidades.

Visitaram toda a Itália e ficaram surpresas ao encontrar ali, de Parma a Turim, em vez do maquiavelismo, uma emulação entre os príncipes e as repúblicas, cujos súditos se tornavam homens de bem cada vez mais ricos e mais felizes.

"Minha filha", dizia a Razão à Verdade; "eis, quero crer, que o nosso reino bem poderia começar a advir depois de nossa longa prisão. É preciso que alguns dos profetas que nos vieram visitar em nosso poço tenham sido muito poderosos em palavras e obras para mudar assim a face da terra. Vede que tudo vem tarde; foi necessário passar pelas trevas da ignorância e da mentira antes de regressar ao vosso palácio de luz, de onde fostes expulsa comigo durante tantos séculos. Suceder-nos-á o que sucedeu na Natureza: ela foi coberta de um véu de maldade e toda desfigurada durante incontáveis séculos. Por fim surgiram um Galileu, um Copérnico, um Newton, que a mostraram quase nua e com isso tornaram os homens amorosos."

---

[6] Todos os anos, na Quinta-Feira Santa, publicava-se em Roma a bula *In coena Domini* (ver o artigo BULLE do *Dictionnaire philosophique*, II, *in* Voltaire, *Oeuvres complètes*, *op. cit.*, tomo XVIII, p. 42). Clemente XIV suprimiu essa publicação.

[7] O rescrito de Clemente XIV que decreta a dissolução da sociedade dos jesuítas é de 21 de julho de 1773. Uma bula de Pio VII, de 7 de agosto de 1814, restabeleceu-a.

ELOGIO HISTÓRICO DA RAZÃO

Assim conversando, chegaram a Veneza. O que elas ali consideraram com mais atenção foi um procurador de São Marcos que empunhava uma grande tesoura diante de uma mesa toda coberta de garras, de bicos e de penas negras.

"Ah", exclamou a Razão, "Deus me perdoe, *illustrissimo signore*, mas acho que essa aí é uma das tesouras que eu levara para o meu poço, quando ali me refugiei com minha filha! Como Vossa Excelência a conseguiu, e que fazeis com ela?

– *Illustrissima signora* – respondeu-lhe o procurador –, pode ser que a tesoura tenha pertencido outrora a Vossa Excelência; foi um certo Fra-Paolo[8] que a trouxe para nós há muito tempo, e servimo-nos dela para cortar as garras da Inquisição, que aqui vedes em cima da mesa.

"Essas penas negras pertenciam a harpias que vinham comer o jantar da República; nós lhes aparamos todos os dias as unhas e a ponta do bico. Sem essa precaução elas acabariam por devorar tudo: nada restaria para os grandes sábios, nem para os *pregadi*, nem para os citadinos.

"Se passardes pela França, encontrareis talvez em Paris vossa outra tesoura no gabinete de um ministro espanhol[9] que dela fazia o mesmo uso que nós em seu país e que um dia haverá de ser abençoado pelo gênero humano.

As viajantes, depois de assistir à ópera veneziana, partiram para a Alemanha. Viram com satisfação esse país, que no tempo de Carlos Magno não passava de uma floresta imensa entrecortada de pântanos, agora coberta de cidades florescentes e sossegadas; esse país, povoado por soberanos outrora bárbaros e pobres, tornados todos cultos e magníficos; esse país, que nos tempos antigos não teve por sacerdotes senão feiticeiras, imolando homens sobre pedras toscamente escavadas; esse país, que em seguida derramou o seu sangue

---

[8] Pietro Sarpi, dito Fra-Paolo, historiador (1552-1623), defendeu sua pátria contra as pretensões da Santa Sé. Sua *História do Concílio de Trento* é célebre. (G. A.)
[9] O conde de Aranda (D. Pierre-Paul Abarca de Bolea), ministro espanhol de 1765 a 1775, embaixador na França de 1775 a 1784, falecido em 1794. Voltaire lhe dera, em 1770, um artigo em suas *Questions sur l'Encyclopédie*; ver tomo XVII, p. 344.

149

para saber ao certo se a coisa era *in, cum, sub*[10] ou não; esse país, que finalmente recebeu em seu seio três religiões inimigas, espantadas por viverem pacificamente juntas. "Louvado seja Deus!", exclamou a Razão; "essa gente acabou vindo a mim, à força de demência." Introduziram-nas nos aposentos de uma imperatriz[11] que era muito mais que razoável, porque benfazeja. As peregrinas ficaram tão contentes com ela que relevaram certos usos que as chocaram; mas ambas ficaram apaixonadas pelo imperador, seu filho[12].
Seu espanto redobrou quando chegaram à Suécia. "Quê!", diziam elas, "uma revolução tão difícil, e no entanto tão rápida! Tão perigosa, e no entanto tão pacífica![13] E, desde esse grande dia nem um só dia perdido sem fazer o bem, tudo isso numa idade que é tão raramente a da razão! Que bem fizemos em sair de nosso esconderijo quando esse grande acontecimento impôs-se à admiração de toda a Europa!"
Dali passaram à Polônia. "Ah, minha mãe, que contraste!", exclamou a Verdade. Dá-me vontade de voltar para o meu poço. Eis no que dá esmagar sempre a porção mais útil do gênero humano e tratar os agricultores pior do que eles tratam os seus animais de lavoura. Esse caos da anarquia só podia acabar em ruína: isso já fora predito com bastante clareza. Lastimo esse monarca virtuoso, sábio e humano[14]; e ouso esperar que ele será feliz, já que os outros reis começaram a sê-lo e suas luzes se comunicam a pouco e pouco.
"Vamos ver", continuou ela, "uma mudança mais favorável e mais surpreendente. Vamos a essa imensa região hiperbórea que era tão bárbara há oitenta anos e que é hoje tão esclarecida e invencível. Vamos contemplar aquela[15] que realizou o milagre de uma nova criação..." Correram para lá e perceberam que não lhe haviam dito o bastante.

---

[10] Questão da consubstancialidade.
[11] Maria Teresa.
[12] José II.
[13] Golpe de Estado de Gustavo III, em 1772.
[14] Estanislau-Augusto, rei em 1764 e sob cujo reinado se deu, em 1795, a partilha da Polônia.
[15] A imperatriz Catarina II, com quem Voltaire mantinha correspondência.

Não se cansaram de admirar quanto o mundo tinha mudado de uns anos àquela parte. Concluíram daí que talvez um dia o Chile e as Terras Austrais seriam o centro da polidez e do bom gosto e que seria preciso ir ao polo antártico para aprender a viver.

Quando foram à Inglaterra, a Verdade disse à sua mãe: "Parece-me que a felicidade dessa nação não é feita como a das outras; ela foi mais louca, mais fanática, mais cruel e mais desgraçada do que qualquer uma das que conheço; e ei-la que estabeleceu um governo único, no qual se conservou tudo quanto a monarquia tem de útil e tudo quanto uma república tem de necessário. É superior na guerra, nas leis, nas artes, no comércio. Vejo-a somente embaraçada pela América setentrional[16], que ela conquistou num extremo do universo, e pelas belíssimas províncias da Índia, subjugada no outro extremo. Como carregará ela esses dois fardos de sua felicidade?

– O fardo é pesado – disse a Razão –, mas, por pouco que ela me escute, encontrará alavancas que hão de torná-lo bem leve.

Por fim a Razão e a Verdade passaram pela França, onde já haviam feito algumas aparições e de onde tinham sido expulsas.

"Lembrais-vos", dizia a Verdade à sua mãe, "da extrema vontade que tivemos de nos estabelecer no país dos franceses nos belos dias de Luís XIV? Mas as querelas impertinentes dos jesuítas e dos jansenistas logo nos fizeram fugir daqui. As queixas contínuas dos povos não nos fizeram voltar para lá. Ouço agora as aclamações de vinte milhões de homens que abençoam o céu. Uns dizem: 'Esse acontecimento é tanto mais alegre porquanto não pagamos por essa alegria.'[17] Outros exclamam: 'O luxo não passa de vaidade. Os duplos empregos, os gastos supérfluos, os lucros exorbitantes vão ser abolidos'; e têm razão. 'Todo imposto vai ser abolido'; e estão errados, pois cumpre que cada particular pague pela felicidade geral.

"'As leis vão ser uniformes.' Nada mais desejável; mas nada mais difícil. 'Vão-se distribuir entre os indigentes que trabalham, e so-

---

[16] Boston, no ano precedente (1773), acabava de dar o sinal da insurreição.

[17] Luís XVI, no mês de maio de 1774, promulgou uma lei pela qual renunciava ao *direito de alegre advento* [droit de joyeux avènement]. Assim se chamavam certos impostos extraordinários que se percebiam por ocasião do advento de um rei. (B.)

bretudo entre os oficiais pobres, os bens imensos de alguns ociosos que fizeram voto de pobreza. Esses servos, que não podem transmitir seus bens aos herdeiros, já não serão eles próprios escravos na mesma condição. Já não se verão porteiros de monges expulsar da casa paterna órfãos reduzidos à mendicidade para enriquecer com seus despojos um convento que goza dos direitos senhoriais, que são os direitos dos antigos conquistadores. Já não se verão famílias inteiras pedindo esmola em vão à porta desse convento que os despoja.' Praza a Deus! nada é mais digno de um rei. O rei da Sardenha destruiu em seu país esse abuso abominável. Queira o céu que esse abuso seja exterminado na França!

"Não ouvis, minha mãe, todas essas vozes que dizem: 'Os casamentos de cem mil famílias úteis ao Estado já não serão considerados concubinagens; e os filhos já não serão declarados bastardos pela lei'? A natureza, a justiça e vós, minha mãe, tudo exige sobre esse importante assunto uma regulação sábia que seja compatível com o sossego do Estado e com os direitos de todos os homens.

"'A profissão de soldado se tornará tão honrosa que não mais se será tentado a desertar.' A coisa é possível, porém delicada.

"'Os pequenos delitos não serão punidos como grandes crimes, porque em tudo é necessário proporção. Uma lei bárbara[18], obscuramente enunciada, mal-interpretada, não mais fará perecer sob barras de ferro e nas chamas crianças indiscretas e imprudentes, como se tivessem assassinado seus pais e suas mães.' Esse deveria ser o primeiro axioma da justiça criminal.

"'Os bens de um pai de família não mais serão confiscados, porque os filhos não devem morrer de fome pelos delitos de seus pais e porque o rei não tem necessidade alguma dessa miserável confiscação.' Maravilhoso! e isso é digno da magnanimidade do soberano.

"'A tortura, inventada outrora para os salteadores das estradas para forçar os assaltados a revelar os seus tesouros e empregada hoje num pequeno número de nações para salvar o culpado robusto e

---

[18] O edito de Luís XIV, de dezembro de 1666, contra os blasfemadores, no qual se baseou a condenação de La Barre; ver nos *Mélanges*, ano 1766, a *Relation de la mort du chevalier de La Barre*; e, na *Correspondance*, a nota dos editores de Kehl sobre a carta do rei da Prússia, de 7 de agosto de 1766.

perder o inocente fraco de corpo e de espírito, já não estará em uso senão nos crimes de lesa-sociedade, em primeiro lugar, e somente para se ter a revelação dos cúmplices. Mas esses crimes nunca mais voltarão a ser cometidos.' Melhor não pode ser.

"Eis os votos que ouço fazer por toda a parte; e escreverei todas essas grandes mudanças nos meus anais, eu que sou a Verdade.

"Ouço ainda proferir ao meu redor, em todos os tribunais, estas palavras notáveis: 'Nunca mais citaremos os dois poderes, porque não pode existir senão um: o do rei ou da lei numa monarquia; o da nação numa república. O poder divino é de natureza tão diferente e tão superior que não deve ser comprometido por uma mescla profana com as leis humanas. O infinito não pode juntar-se ao finito. Gregório VII foi quem primeiro ousou chamar o infinito em seu auxílio nas suas guerras, até então inauditas, contra Henrique IV, imperador por demais finito; ouço dizer: por demais limitado. Essas guerras ensanguentaram a Europa por um tempo bastante longo; mas finalmente se separaram esses dois seres veneráveis que nada têm de comum, e esse é o único meio de se estar em paz.'

"Esses discursos, proferidos por todos os ministros das leis, me parecem assaz eloquentes. Não me consta que se reconheçam dois poderes nem na China, nem na Índia, nem na Pérsia, nem em Constantinopla, nem em Moscou, nem em Londres etc. Mas reporto-me a vós, minha mãe. Não escreverei senão o que me houveres ditado."

A Razão lhe respondeu: "Minha filha, bem sabeis que desejo mais ou menos as mesmas coisas e muitas outras. Tudo isso exige tempo e reflexão. Sempre fiquei muito contente quando, nos meus desgostos, obtive uma parte das consolações que eu queria. Estou hoje muito feliz.

"Lembrais-vos do tempo em que quase todos os reis da terra, imersos em profunda paz, se divertiam a decifrar enigmas; e em que a bela rainha de Sabá vinha propor uns logogrifos a Salomão?

– Sim, minha mãe; era um bom tempo, mas durou pouco.

– Pois bem! – volveu a mãe. – Este é infinitamente melhor. Não se pensava então senão em mostrar um pouco de espírito; e vejo que nos últimos dez ou doze anos as pessoas se aplicaram, na Europa, às artes e às virtudes necessárias, que suavizam o amargor da vida. Parece que em geral se chegou a um acordo no sentido de pensar mais solidamente do que se havia feito durante milhares de séculos. Vós, que nunca conseguistes mentir, dizei-me qual tempo teríeis escolhido ou preferido ao tempo em que estamos para vos habituar na França.

– Tenho a reputação – respondeu a filha – de gostar de dizer coisas bastante duras às pessoas entre as quais me encontro, e sabeis que sempre me vi forçada a isso; mas confesso que do tempo presente só posso falar bem, a despeito de tantos autores que não louvam senão o passado.

"Devo dizer à posteridade que é nessa época que os homens aprenderam a se prevenir contra uma doença horrível e mortal, tornando-a menos funesta[19]; a devolver a vida aos que a perdem nas águas[20]; a governar e a afrontar o raio[21]; a suprir o ponto fixo que se deseja em vão do ocidente ao oriente[22]. Fez-se mais em moral: ousou-se exigir justiça às leis contra leis que tinham condenado a virtude ao suplício; e algumas vezes essa justiça foi obtida. Enfim, ousou-se pronunciar a palavra tolerância.

– Pois bem, minha querida filha, gozemos esses belos dias! Fiquemos aqui, se eles durarem; e, se sobrevierem as tempestades, voltemos para o nosso poço."

---

[19] Luís XVI, pouco depois de seu advento ao trono, fez-se inocular, assim como seus irmãos, o conde de Provença, mais tarde Luís XVIII, e o conde de Artois, mais tarde Carlos X (ver capítulo XLI do *Précis du siècle de Louis XV*, *in* Voltaire, *Oeuvres complètes*, *op. cit.*, tomo XV). A inoculação esteve desde então a tal ponto na moda que os inoculadores não podiam bastar para o número dos que a eles recorriam.

[20] É a Philippe-Nicolas Pia, nascido em 1721, falecido em 1799, que se deve o estabelecimento dos socorros para os afogados.

[21] A invenção dos pára-raios é de Benjamin Franklin, que se encontrava em Paris quando Voltaire ali foi em 1778; ver, no tomo I, a *Vie de Voltaire*, por Condorcet.

[22] Creio que Voltaire faz alusão aqui ao problema da precessão dos equinócios, resolvido por D'Alembert. (G. A.) – Ver, de resto, para completar este *Elogio histórico da Razão*, os dois últimos capítulos do *Précis du siècle de Louis XV*, tomo XV, *in* Voltaire, *Oeuvres complètes*, *op. cit.*, tomo XV.